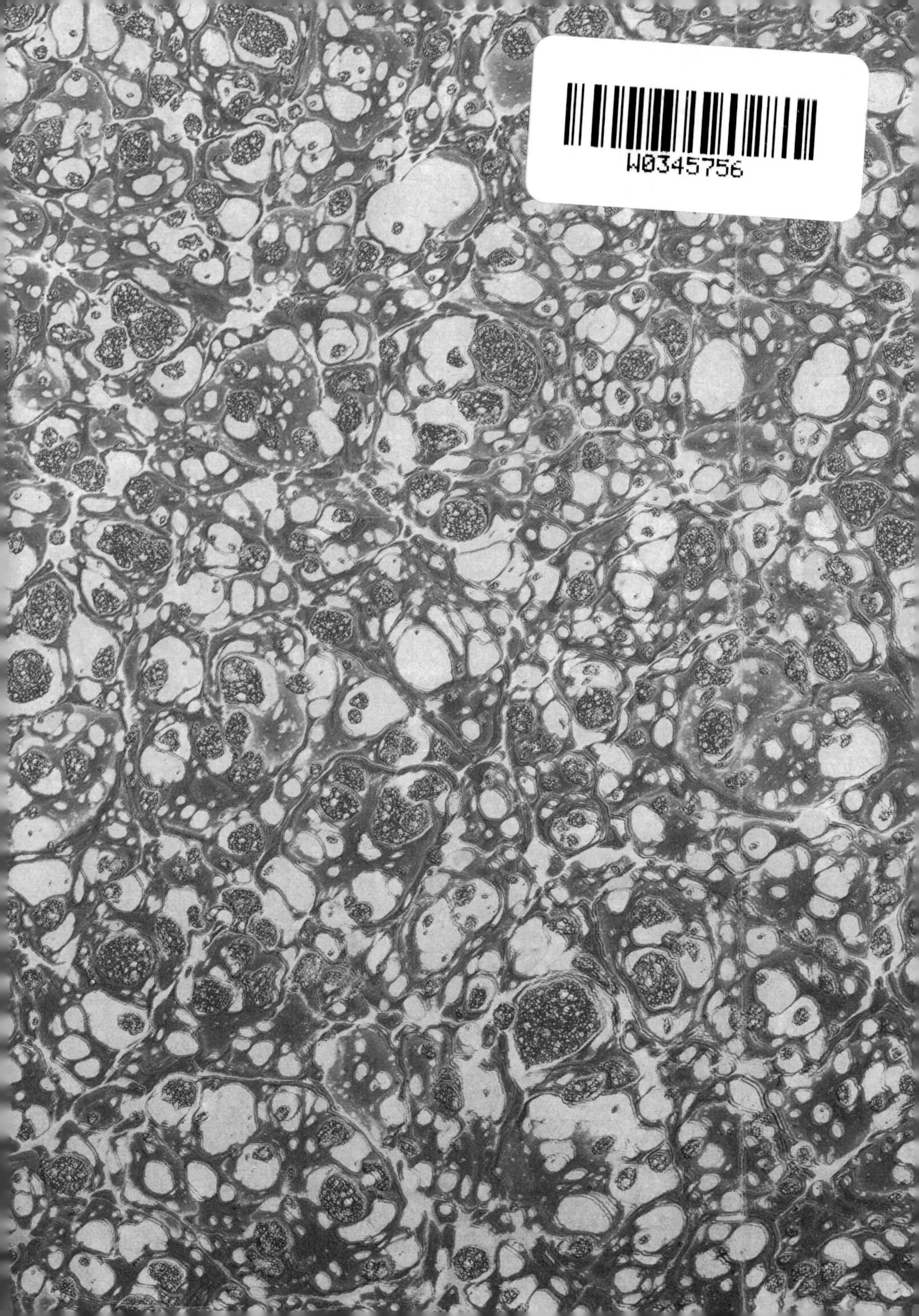

Edith Klatt

Djiyin – ein Indianermädchen

Der Kinderbuchverlag
Berlin

Edith Klatt
Djiyin-
ein Indianermädchen

Illustrationen
von
UWE HÄNTSCH

ISBN 3-358-00022-2

2. Auflage 1987

Lizenz-Nr. 304-270/304/87-(47,5)
Lichtsatz: INTERDRUCK Graphischer Großbetrieb Leipzig – III/18/97
Druck und buchbinderische Verarbeitung: VEB Messedruck, Leipzig
LSV 7511
Für Leser von 11 Jahren an
Bestell-Nr. 632 322 7
00680

mußten. Als danach das Licht wiederkam – langsam sich durchfand durch die tieflastenden Wolkenschichten –, da waren inzwischen draußen die großen Fischzüge vorbeigeschwommen. Das Meer war so gut wie leer. Sie konnten ihre Vorräte in diesem Herbst auch nicht mehr auffüllen.

Und so hungerten sie bald. Es setzte allmählich ein: Sie wurden müde, schlapp, gleichgültig. Die Schwachen starben zuerst, und die noch am Leben blieben, konnten sich immer weniger und bald zu gar nichts mehr entschließen, dösten vor sich hin, wurden schließlich so gedanken- und energielos, daß sie überhaupt nichts mehr unternahmen.

Damals lebte unter ihnen eine Waise, ein Mädchen von zwölf, dreizehn Jahren, Djiyin hieß sie. Sie stand ganz allein in der Welt und mußte für sich selber sorgen, so gut sie das fertigbrachte. Ihre Tante hatte sie hergeholt, aber die war arm und alt, ihre Gedanken hatten sich verwirrt, und sie konnte sich selber kaum helfen. Sie steckte ihr wohl ab und an etwas zu. Aber in dieser verzweifelten Zeit war das nicht viel – und längst nicht genug für ein dreizehnjähriges Kind, das im Wachsen ist.

Eines Tages, als das Licht gerade wieder zu steigen begann und der Nachwinter dort an der Küste nun erst recht streng einsetzte, rafften sich einige Frauen auf, taten sich zusammen und machten ein Kanoe fertig, um auf die vor der Küste liegende Insel zu paddeln, wo sie sonst Beeren und Vogeleier ernteten.

Auch auf der Insel würde es jetzt leer sein, kahlgefegt von den Winterstürmen und trostlos kalt. Aber solange der Boden einigermaßen offen war, mochten sie wohl an die Tzetwurzeln kommen können – eine Art wilder Mohrrüben, bitter und streng, so daß sie den Mund zusammenzogen und schwer im Magen lagen. Nahrung war das kaum.

Aber wenn man sie rieb, gut wässerte und lange genug kochte, waren sie doch vielleicht besser als ganz und gar nichts.

Djiyin war genauso hungrig und genauso elend und gleichgültig wie alle anderen. Aber plötzlich überkam es sie – sie wußte selber nicht, was. Sie konnte einfach nicht so weiterle-

ben – nicht einen einzigen Tag länger so dahinvegetieren. Irgend etwas mußte geschehen, mußte anders werden!

Sie wollte mit! – Wozu? – Sie wußte es selber nicht, und keinem anderen Kind wäre so etwas eingefallen. Und die Frauen dachten natürlich nicht daran, sie mitzunehmen. Was sollte sie dabei?

„Es fällt uns nicht ein, dich mitzunehmen!" zankten sie. „Du bist viel zu lumpig und schmutzig! So wie du aussiehst, bringst du uns nur Unglück! Zu all dem anderen Unglück, das wir sowieso schon haben, noch neues dazu! Wir haben wahrhaftig genug und übergenug davon, wir brauchen uns nicht noch mehr aufzuladen mit dir verlottertem Balg!"

Natürlich war sie das. Wie hätte das auf sich allein gestellte Kind sich in dieser Notzeit auch noch sauber und ordentlich halten können?

Aber sie ließ sich nicht abschütteln, wie ärgerlich die Frauen auch waren. Sie wurde ganz wild. Klammerte sich an den Rand des Kanoes, schrie und bat, heulte und wimmerte, ließ nicht los, hörte auf nichts, ging nicht weg, versuchte hartnäckig, immer wieder neu mit einzusteigen.

Sie hieben ihr mit dem Paddel über die Finger, schrien, sie solle loslassen, versuchten, ihre fest zupackenden Fäuste aufzubrechen – aber je mehr die Frauen schimpften und schlugen, desto halsstarriger hielt Djiyin sich fest. Sie war ganz wild, völlig außer Rand und Band. Auch wohl vor Hunger. Aber vor allem in einer unverstandenen Erregung, die sie von jenseits des Hungers überfallen hatte.

Die Frauen fingen an, vom Lande abzulegen, Djiyin klammerte sich fest und ließ sich durchs Wasser schleifen. Sie wurde patschnaß, und das Kielwasser schlug ihr über dem Kopf zusammen. Sie ließ auch nicht los, als ihr das Wasser in den Mund kam und sie nicht mehr schreien konnte, keinen Atem mehr bekam. Es blieb den Frauen schließlich nichts anderes übrig, als sie doch ins Boot hineinzuziehen und mitzunehmen.

Die Tante machte ihr neben sich Platz und sagte leise: „Sitz bloß still und halte den Mund!" Und das tat Djiyin denn auch.

Das Wasser rann ihr aus den Haaren und Kleidern, und sie zitterte vor Kälte. Aber sie saß bockig und stocksteif still und sagte kein Wort.

„Man muß nicht immer gleich alles mitnehmen, was einem unterwegs begegnet!“ sagte eine der Frauen anzüglich zu der Tante, mit einem schiefen Blick auf das triefende Kind. Aber die anderen gingen nun nicht mehr auf diese – sehr bösen – Worte ein. Sie hatten genug damit zu tun, mit ihren geschwächten Kräften das Kanoe vorwärts zu bringen.

Die kleine, Klinkwan vorgelagerte Insel war unbewohnt. Es war im Grunde nur ein Hochgipfel des auf dem Grunde des Meeres lagernden Gebirgszuges, ein steil aufragender Felsen, um den herum die Strömungen und Gezeiten ein wenig Sand angeschwemmt hatten. Die Vögel nisteten dort und hatten – zusammen mit dem vom Lande her wehenden Wind – einige Samen hingetragen. So wuchs da etwas Gestrüpp – sogar ein einziger, verbogener und nach allen Windrichtungen verwehter, krüppeliger Baum stand zwischen den Dünen, und an dem vom Meere abgekehrten und sanfter ansteigenden Abhang des Gipfels hatte sich Beerengesträuch angesiedelt: Blau-, Moos-, Preiselbeeren, Himbeer- und Brombeerranken, die in dem überreichlich durch Vogelmist gedüngten Boden üppiger wuchsen und größere Früchte trugen als irgendwo sonst in der Welt.

Von Klinkwan aus konnte man die Felsenspitze der Insel bei klarem, sichtigem Wetter gerade noch an der Kimmung ausmachen. Sie war nicht weiter fort, als die Frauen bei gutem Wetter hinauspaddeln konnten, und so hatten sie sich daran gewöhnt, diese Insel als „ihre“ zu betrachten und sie regelmäßig abzuernten. Im Frühjahr, wenn die Zugvögel nisteten, holten sie ihnen Eier aus den Nestern, später, wenn die Jungen flügge geworden waren, sammelten sie sorgfältig die Daunen der Eidervögel, und im Sommer, zur Beerenzeit, blieben sie sogar mehrere Tage dort, um die Beerenflächen abzuernten, und kamen immer wieder, bis sie auch die allerletzten, würzigsten Brombeeren eingebracht hatten, die sie trockneten oder in Fett einlegten, weil sie sie dringend als Ergänzung zu ihrer sonst eintönigen, vorwiegend aus Fleisch und Fischen bestehenden Nahrung brauchten.

Für diese Erntezeiten hatten sie sich eine primitive Erdhütte zwischen den Dünen errichtet: halb in die Erde gegraben und so niedrig, daß sie kaum aufrecht darin stehen konnten, mit Grassoden gedeckt und mit einer Art Deckel vor der Türöffnung, aus zufällig angeschwemmten Holzstücken zusammengehauen und passend gemacht, mit dem sie den Eingang gegen Tiere und Stürme verstellen konnten, wenn sie wieder abfuhren. Drinnen war eine Feuerstelle aus zusammengesuchten Felsbrocken und ein Lager aus Seegras und Laub – mehr brauchten sie ja nicht für die kurzen, warmen Nächte der Erntezeiten. Denn daß sie jetzt, zur Nachwinterzeit, hinüberpaddelten, um die Tzetwurzeln zu holen, war ein ihnen lediglich durch die Notzeit gekommener Einfall. Das hatten sie bisher noch niemals getan.

Auf der Insel bekam auch Djiyin einen Grabstock in die Hand gedrückt. Aber sie ging nicht mit den Frauen zusammen zu der Wiesenmulde hinter der Dünenreihe, in der ein winziges Rinnsal nach kurzem Lauf über den Bergabhang versickerte, sie verkroch sich irgendwohin, und keine der Frauen sah sich auch nur nach ihr um. Sie hatten es nicht allzu schwer mit ihrer Arbeit: Der Boden war unter der steigenden Sonne tagsüber an der Oberfläche schon locker geworden. Wohl stieß der Grabstock unten auf die noch gefrorene Bodenschicht, aber die dikken Enden der Wurzeln steckten oberhalb und ließen sich freigraben oder herausbrechen. Sie fanden immer wieder eine und noch eine und hatten zum Schluß so viele, daß sie neuen Mut bekamen und beschlossen, die Nacht über auf der Insel zu bleiben und am nächsten Morgen noch weiterzugraben. Sie sammelten Treibholz am Strand, kochten aus den Wurzeln und ein paar mitgebrachten Fischresten eine würzige Suppe, und das warme Essen im Leib stimmte sie auch versöhnlicher.

Djiyin fiel ihnen wieder ein. Tagsüber hatte keine von ihnen über der Arbeit an das Mädchen gedacht. Ärgerlich schimpften sie: „Wo steckt sie nur? Warum kommt sie nicht essen, wenn etwas zu essen da ist? Immer hat man Scherereien mit ihr!“

Sie gingen sogar vor die Hütte und riefen ein paarmal nach ihr. Aber Djiyin kam nicht und antwortete nicht. Da gingen sie wieder hinein und legten sich schlafen. Sie waren zu überanstrengt nach dem langen Arbeitstag mit leerem Magen, um das trotzige Mädchen auch noch jetzt in der Dunkelheit zu suchen. Und waren immer noch zu ärgerlich auf sie.

Djiyin war ganz in der Nähe, hörte sie auch rufen. Aber sie war zu gekränkt über die Unfreundlichkeit der Frauen, besonders über die häßliche Bemerkung der bösen Nachbarin im Kanoe, als daß sie nun auf einen Ruf hin angelaufen gekommen wäre. Nicht einmal das Feuer in der Hütte und das warme Essen konnten sie locken. Sie blieb versteckt in dem geschützten Winkel, wo sie schon den ganzen Tag über gehockt und sich gegrämt hatte. Auch am nächsten Tag ließ Djiyin sich nicht blicken. Jetzt suchten die Frauen sogar nach ihr und riefen lange. Aber Djiyin drückte sich nur tiefer in ihr Erdloch hinein. Nach wilden Kaninchen roch es dort.

Die Frauen wurden schließlich so wütend, daß sie beim Aufbruch das letzte Wasser ins Feuer gossen: „Wenn sie nicht kommen will, dann nicht! Uns geht das hergelaufene Gör sowieso nichts an! Mag sie zusehen, wie sie hier alleine zurechtkommt, wenn sie sich nicht an uns halten will!“ sagten sie erbost.

Ohne daß die anderen es merkten, hatte die Tante heimlich ein glühendes Stück Holzkohle in einer Muschel verborgen und in einem Winkel der Hütte versteckt. Sie legte sogar noch ein allerletztes Stückchen getrockneten Fisch dazu, den sie sich vom Munde abgespart hatte, und deckte einen alten Kochtopf über das Ganze. Vielleicht kann sie sich damit weiterhelfen, wenn sie wiederkommt! dachte sie und ging den anderen Frauen nach, die sich schon beim Kanoe zu schaffen machten: Noch länger rufen und warten wollten sie auf keinen Fall, sie mußten ja zurück sein, solange das Wetter noch gut war, und als Fischerfrauen wußten sie, wie plötzlich es um diese Jahreszeit umschlagen konnte.

Djiyin spähte aus dem Erdloch zwischen den Dünen hervor nach dem, was die Frauen taten. Sie war immer noch zu gekränkt, um auf ihr Rufen zu ihnen hinzugehen, selbst jetzt, wo sie sich entschlossen zum Aufbruch rüsteten. Und war zu sehr durcheinander, um sich auch nur einen Augenblick lang zu überlegen, was aus ihr selber werden sollte, wenn die Frauen abfuhren und sie allein hier ließen.

Fahrt nur, fahrt! dachte sie trotzig. Euch gehöre ich nicht! Mich hat keiner lieb, keiner will mich haben! Euretwegen mag ich verhungern! Und das kann ich auch allein, dazu brauche ich euch schon gar nicht!

Sie schaute ihnen nach, solange noch irgend etwas von dem Kanoe zu sehen war. Danach ging sie langsam auf die Erdhütte zu. Und erst jetzt, wo sie sich endgültig allein wußte, blickte sie zum ersten Mal über die See hin, sah die weite, lebendigbewegte Meeresfläche, die ihre glitzernden Wellen rings um die Insel auf den Strand auflaufen ließ und diesen kleinen Fleck Land wie ein Floß zu tragen und zu schaukeln schien, sah empor in die grenzenlose Höhe des Luftraumes. Erst jetzt, da keiner mehr sie rufen würde, schmeckte sie den Druck, die ständige Bewegung des salzigen Windes, empfand sie die tragende Lichtfülle ringsum und begriff, was ihr in dem zwischen Bergabhängen hingeduckten Klinkwan solch ein dumpfes, unverstehbares Leid bereitet hatte: Heimweh hatte sie gehabt! Sie war ein Inselkind. Sie brauchte die Luft, die von weit her kommt und leer ist von Menschengerüchen, sie brauchte den rhythmischen Wellenschlag und den Luftraum in seiner ganzen Weite von Horizont zu Horizont. Hier und auf jeder Insel war sie zu Hause! Hier wollte sie bleiben, mochten auch die Folgen ihres überstürzten Streiches noch so schwer zu tragen sein!

Die verrammelte Tür war nicht allzu schwer zu öffnen, und als sie dann im Winkel den Kochtopf fand und Feuer und das Schnippelchen Trockenfisch, dachte sie beschämt: Die gute Tante! Und dieses bißchen Liebe und Hilfe machte ihr so viel Mut, daß sie Reisig zusammensuchte, ein Feuer entfachte,

Wasser aus dem Bach holte, den Topf aufsetzte und aus dem Fetzchen Fisch und den wilden Wurzeln, die sie gegraben hatte, ein Art Fischsuppe kochte.

Ich will lieber doch nicht verhungern! nahm sie sich vor. Wer weiß, was noch kommt!

Aber als sie sich zu der Suppe hinsetzte und essen wollte, konnte sie keinen Bissen und keinen einzigen Schluck hinunterwürgen. Wahrscheinlich bin ich jetzt zu müde! dachte sie. Suchte die Streu von den Schlafplätzen der Frauen zusammen, schüttelte sie sorgfältig auf, versorgte das Feuer für die Nacht und verkroch sich im Laub.

Jedoch am nächsten Morgen konnte sie auch nichts essen. Es widerstand ihr nicht, sie glaubte sogar, hungrig zu sein, aber wenn sie den Topf an den Mund setzte, konnte sie sich auch mit der größten Willensanstrengung nicht zwingen zu schlukken. Es ging einfach nicht. Vielleicht nachher, dachte sie und stellte den Topf sorgfältig beiseite. Ich werde inzwischen Wurzeln suchen gehen und mir einen ordentlichen Vorrat davon anlegen, solange die Erde offen ist.

Sie nahm ihren Grabstock und ging zu der Wiesenmulde, wo die Frauen gestern gegraben hatten.

Als sie hinkam, war die ganze Wiese wie besät mit Wildgänsen, die mit ihren Schnäbeln die Wurzeln herauszogen und fraßen. Als die Gänse das Mädchen sahen, flatterten sie mit den Flügeln und schrien ihr zu, wie zur Begrüßung. Sie flogen auch nicht fort, sie fraßen ruhig weiter.

Djiyin stand da mit dem Grabstock in der Hand. Sah erstaunt über sie hin. Noch nie hatte sie so viele Vögel beieinander gesehen. Zwar kannte sie von klein an die brausenden, rufenden Dreiecke reisender Gänse. Hoch über der Heimatinsel waren sie in der frostklaren Sonnenluft dahingestürmt, jedes Jahr, bevor der Frühling kam, hatten mit dem rauschenden Schlag ihrer Schwingen ihr den Atem versetzt, ihren Blick nicht wieder losgelassen – damals, als sie noch klein war. Als sie unbekümmert, sorgenlos aufwuchs in der hütenden Liebe zwischen Mutter und Vater, zusammen mit den drei großen, starken Brüdern, deren Gesichter hoch im lebendigen, immer wieder anders bewegten Himmel standen, die sich zu ihr herunterbeugten in scherzender, neckender Zuneigung.

Damals, als ihr Lachen und Quietschen, und ihr Zetern und Strampeln, wenn sie ihnen zwischen den großen, schon hartgewordenen Fischerhänden zappelte, wie Brandungsschaum auf Luft und Licht und Wetter und auf dieser selbstverständlichen, spaßenden Bruderliebe tanzte. Damals, als sie von sich selber nichts wußte. Gar nichts wußte, nur fühlte und es genoß, daß sie klein war, und mächtig, und von allen geliebt.

Wie ein Unwetter war die graue, lastende Zeit von Klinkwan über dieses alles hereingebrochen, hatte es ausgelöscht und hatte auch sie selber ausgelöscht und vernichtet. Nichts mehr war sie gewesen, keiner hatte sie liebgehabt. In sich selber verkrochen, hatte sie im einsamen Winkel gehockt, gierig und ohne Freude hatte sie wie ein kleines Tier sich das Nötigste verschafft, mit leerem Herzen, ohne jede Erwartung hatte sie dahingelebt zwischen den fremden Menschen, die sie von Anfang an nicht besonders und mit der Zeit immer weniger mochten.

Jetzt hatten die Gänse sie begrüßt. Sie weideten eifrig. Danach würden sie ausruhen, auf der Insel schlafen. Aber sie würden nicht bleiben, sie waren auf der Reise. Im Morgengrauen würden sie fortfliegen. Mit weitausgestreckten, schlagenden Schwingen die Luft aufrauschen machen und zu ihr herunterrufen, heruntergrüßen, ehe sie in der Ferne im Raum verschwanden. Sie waren auf der Frühjahrsreise, auf der Heimreise. Und auch sie, Djiyin, war auf der Heimreise. Sie atmete die Inselluft ein, den feuchten Wind, der in Stößen über das Wasser kam, und die Verzweiflung, der Trotz, die Verlassenheit fielen von ihr ab. Heimatlich, hell wurde sie von der kleinen Insel getragen, Zuversicht kam von den großen, schnäbelnden Vögeln auf sie zu.

So viele gab es!

Zu Hause waren sie nur zu dreien, fünfen, sieben in spitzem Keilflug über die Insel gerauscht an jedem kalten, klaren Vorfrühlingssonnentag. Hatten ihre Freude heruntergeschrien, hatten die weite Luft gefüllt mit dem Licht ihrer Schwingen, mit dem Wind, der unter ihren Flügeln wohnt. Nur drei, fünf, sieben hatten den Luftraum klingen lassen mit ihrem zielenden Flug – und hier waren es nun so viele! Sie würden die ganze kleine Insel mit hochreißen, wenn sie zusammen aufflogen! Sie würden den schweren, grauwolkigen Winterhimmel sprengen – licht würde es werden, Freude, Leichtigkeit, Glück würde von ihrem Flug herunterrieseln!

Djiyin versann sich über dem, was sie sah. Merkte sie, wie müde sie noch war? Sie setzte sich auf einen Stein. Die vielen flatternden, fressenden Vögel, die große, lebendige Stille, das Rauschen, der Duft, die heimatliche Welt umgab sie – schläferte sie ein.

Oder verzauberte sie.

Vielleicht erlebte sie es wirklich – vielleicht träumte sie es nur – sie war noch so jung, daß Traum und wirkliches Erleben ihr gleicherweise wahr und wirksam wurde:

Die vielen, vielen Gänse flogen alle, alle auf einmal. Füllten den Luftraum, füllten die ganze Welt. Wie in weißem Licht brennend, leuchteten die weiten, weißen Schwingen vor der dichten, sturmgrauen Wolkenwand.

Ihre hellen, kühnen Schreie brandeten in Djiyins Herz, rissen es auf, ließen allen Trotz mit dem Winde davonfliegen, machten es mutig, zuversichtlich, getrost und voll fragloser Sicherheit, wie sie es selber waren.

Sie flogen nicht fort. Sie umkreisten das Mädchen, stiegen auf und nieder wie im Tanz. Immer neue kamen dazu, es wurden immer mehr, wie Schneeflocken wirbelten sie. Aber Djiyin erkannte in diesem Gestöber jede einzelne, und jede einzelne sah sie an. Jede einzige sang ihr zu:

„Djiyin, Menschenmädchen,
Hab keine Angst!
Du sollst nicht schlafen,
Du sollst nicht essen,
Du sollst dich besinnen!

Fürchte dich nicht,
Sorge dich nicht,
Hör deinem Herzen zu,
Hab keine Angst.
Wir sind die Gänse,
Die Frühlingsgänse,
Wir kennen die Heimat,
Wir helfen dir.

Du sollst nicht schlafen,
Du sollst nicht essen.
Du sollst dich besinnen!

Wir helfen dir,
Wir stehen dir bei,
Wir geben dir unsere Kraft.
Die Kraft unserer Flügel,
Unserer zupackenden Augen,
Unsere Zuversicht
Geben wir dir.

Fürchte dich nicht,
Sorge dich nicht,
Hör deinem eigenen Herzen zu.

Du sollst nicht essen,
Du sollst nicht schlafen,
Du sollst dich besinnen
Auf deine,
Auf unser aller
Gemeinsame Herzenskraft!"

So sangen sie und umkreisten das Mädchen mit ihrem Fliegen, stiegen bis über die Wolken und senkten sich wieder, umkreisten ihren Kopf, streiften ihr die Schläfen mit den Schwingenspitzen, umrauschten sie mit dem Wind, der unter ihren Flügeln wohnt, und sangen ihr zu.

Djiyin war wie verzaubert,
oder sie träumte nur.

Denn als sie aufwachte – aus der Verzauberung oder aus dem Traum –, war sie allein.

Und fror auf dem kalten Stein. Denn alle Wärme, alles Licht war fort.

Es war dunkle Nacht.

Sie ging zurück zu der Hütte, zu ihrem Feuer.

Da stand noch die Fischsuppe.

Sie hob den Topf an den Mund, aber sie konnte nicht schlukken. Sie versuchte es mit aller Macht, aber es ging nicht. Ihr Mund, ihre Kehle gehorchten ihr nicht.

„Du sollst nicht essen – – –"

Sie stellte den Topf beiseite. In ihrer Behutsamkeit dabei war ein neues Gefühl von Sorgfalt und Zuversicht.

Sie legte sich auf ihr Lager, nestelte sich tief und warm ein. Aber sie konnte nicht einschlafen. Die starke Luft über der Insel, die wogenbrausende Stille, das von all und jedem befreite Alleinsein machte sie hellwach und immer wacher.

„Du sollst nicht schlafen,
Du sollst nicht essen,
Du sollst dich besinnen – – –"

Da legte sie die Hände über der Brust zusammen und besann sich mit der ganzen Macht ihrer von Gefühlen, Einfällen, Impulsen, Erinnerungen durchsetzten Denkkraft.

Man muß nicht immer gleich alles mitnehmen, was einem unterwegs begegnet! fiel ihr als erstes ein. Das drängte sich vor, war eine böse, noch nicht verwundene Kränkung. Die Nachbarin, die neben ihr im Kanoe saß, hatte es über ihren Kopf hinweg zu der Tante gesagt, und es hatte geklirrt vor Fremdheit und Abneigung.

Nicht einmal die Worte selber, sondern die klirrende Giftigkeit der Abneigung, der zusammenpressende Zangengriff der Fremdheit hatten ihr so plötzlich und so unerklärlich aufgewühltes Herz wie im Krampf erstarren lassen. Was wollte die Nachbarin damit sagen, was meinte sie?

Die Worte stammten aus dem Schwank vom „Sohn des Felsenmannes“. Der alte Akáon hatte ihn eines Abends am Feuer zum besten gegeben. Früher einmal, als sie noch satt waren und gerne lachten. Sie hatten alle gelacht, als Akáon es erzählte. Auch Djiyin hatte mitgelacht. Wie konnte es angehen, daß dieselben Worte sie dieses Mal so sehr verletzt hatten?

Dieses hatte Akáon erzählt:

„Drei Männer gingen auf die Seehundsjagd. Sie kannten eine bestimmte Stelle zwischen den Felsen, wo sie immer viele Seehunde fingen.

Eines Tages fanden sie dort in der Nähe, auf einer winzigen, ganz kahlen Felseninsel, einen splitterfasernackten kleinen Jungen. Der saß da mutterseelenallein und guckte in die Luft. Voller Mitleid nahmen sie ihn mit und wunderten sich, wie er überhaupt auf diese menschenleere Felseninsel mitten im Meer hatte geraten können. Aber soviel sie ihn auch fragten, er gab keine Antwort. Er antwortete überhaupt nicht, wenn man mit ihm sprach.

Sie brachten ihn nach Hause und behielten ihn bei sich. Er war ein unbequemer und lästiger Hausgenosse. Wenn sie ihm zu essen gaben, aß er nicht. Aber in der Nacht, wenn alle anderen schliefen, stahl er sich heimlich in das Vorratshaus und fraß sich voll. Alles fraß er auf, was da war. Unheimliche Mengen verschwanden dabei.

Er war ungeschickt: Was er anfaßte, zerbrach ihm unter den Händen. Er war launisch und grillenhaft, nichts machte ihm Freude, man konnte nichts mit ihm anfangen. Außerdem war er entsetzlich faul. Zu nichts war er zu gebrauchen: Wenn er Holz spalten sollte, zerbrach er die Steinaxt. Und das weiß man doch, wie wertvoll eine Steinaxt ist, wieviel Mühe es macht, sie herzustellen, und wie sorgfältig man damit umgehen muß!

Die Leute, bei denen er zu Gast war, hatten nichts als Ärger davon: Wenn er mit den anderen Kindern spielte, schlug er ihnen Löcher in die Köpfe. Seine Kleider hingen in Fetzen an ihm herunter wenige Augenblicke, nachdem er sie angezogen hatte, und aus den Mokassins guckten die Zehen heraus, noch bevor er sie richtig an den Füßen hatte. Er war immer dreckig, und immerzu heulte er herum. Alles, was er besorgen sollte, verlor er – er machte seinen Hausgenossen nur Schaden und Verdruß.

Die Leute, die ihn aufgenommen hatten, wurden allgemein ausgelacht.

‚Habt ihr denn nicht gemerkt', fragte man sie, ‚daß das ein Felsenmännchen ist? Wie konntet ihr so etwas mit nach Hause bringen? Tragt es nur schnell wieder dahin, wo ihr es hergenommen habt!'

Und schließlich wußten sie sich wirklich keinen anderen Rat, als ihn tatsächlich wegzubringen und ihn wieder auf einer Felseninsel auszusetzen.

Nun war aber die ganze Zeit über scheußliches Wetter gewesen, es stürmte und schneite, hagelte und regnete in Strömen, die alleraltesten Leute erinnerten sich nicht, daß es jemals um diese Jahreszeit so schlimm getobt hätte. Aber als sie von dieser Fahrt zurückkamen, klärte sich der Himmel plötzlich auf, es wurde sonnig und still, warm und klar – ein Prachtwetter, wie man es sich nur wünschen kann.

‚Daran allein schon könnt ihr es erkennen', sagten die Leute, ‚er war bestimmt des Felsenmannes Sohn, und solange ihr ihn bei euch festhieltet, hat der Vater Sturm und Regen und alles schlechte Wetter, dessen er habhaft werden konnte, über euch und über uns alle ausgeschüttet. Um sich zu rächen. Man muß nicht immer gleich alles mitnehmen, was man unterwegs findet!'"

Es war so drollig gewesen, wie der Geschichtenerzähler das herausgebracht und dargestellt hatte. Sie hatten alle mächtig gelacht. Auch Djiyin. Und jetzt erst kam ihr der Gedanke: Hat er etwa *mich* damit treffen wollen? – – – Nein. Akáon hatte gewiß keine Nebenabsicht mit dieser Geschichte verbunden – warum auch? Damals ging es den Tlingit ja noch gut! Bestimmt hatte er damit niemand anprangern wollen. Sicherlich nicht ein kleines fremdes Mädchen, das er kaum kannte. Denn Akáon war ein alter, würdiger und bei den Tlingit hochangesehener Mann, ein Bootsführer, dem alle, mit denen zusammen er auf Fang fuhr, widerspruchslos gehorchten. Der achtete nicht sonderlich auf noch heranwachsende Kinder, schon gar nicht auf Mädchen.

Aber dort, in ihrem warmen Laubnest, im Dunkeln, in dem kaum noch ein schwacher, rötlicher Schimmer des abgedeckten Feuers glimmte – und in der Überwachheit, in die der Gänsegesang sie versetzt hatte, überlegte Djiyin: Dreckig war ich auch. Und geweint habe ich auch viel, wenn ich es sie auch selten habe merken lassen. Weggegessen habe ich ihnen nichts, schon gar nicht heimlich, bei Nacht. Aber wo wir alle so hungerten, mag ihnen schon das Wenige leid getan haben, das sie mir zusteckten. Und ungeschickt war ich auch. Nicht immer. Aber manchmal. Wenn ich nicht wußte, wie man es bei ihnen macht, wie man umgehen muß mit den Geräten, die wir zu Hause nicht gehabt haben. Oder wenn ich gerade *sehr* traurig war und mich fremd und allein fühlte.

Ob sie womöglich *wirklich* denken, *ich* sei schuld an dem schlechten Wetter und Mißgeschick, das über alle gekommen ist? Ich kann doch nichts dafür, habe wahrhaftig nichts Böses getan oder gewollt, ich habe mir immerzu Mühe gegeben! Immer wieder! Nur fremd war ich, und keiner hat mir beigestanden. Keiner hat mich liebgehabt, ich gehörte keinem von ihnen. Wie das Felsenmännchen. Wahrscheinlich war das auch nur fremd und anderes gewohnt, und deshalb hat es alles falsch gemacht. Und wer weiß, ob es überhaupt an dem schlechten Wetter schuld war. Vielleicht sagten sie das bloß so, weil sie es nicht leiden konnten. Weil es fremd war. Wie ich.

Zu Hause, auf der Insel, war ich nicht fremd. Da war ich Djiyin. Alles habe ich gewußt und gekonnt, allen habe ich geholfen. Für alle war ich Djiyin. Und gehörte dazu.

Und ich bin *noch* Djiyin. Nur Djiyin. Nur ich. *Ich!*

Jetzt sind sie mich alle los! sann sie weiter. Und triumphierte bei sich: Wie die Frauen geschimpft und gerufen haben! Und ich bin nicht gekommen! Ich *wollte* nicht kommen! *Ich!*

Ich, dachte, fühlte sie. Mit der Freude und Kraft, der neuen Selbständigkeit, die die brausenden Vogelschwingen ihr zugeweht hatten.

Ich *habe* kein Unglück gebracht. Und jetzt bin ich hier. Allein. Mögen sie zusehen, ob sie Glück oder Unglück haben, jetzt, wo ich weg bin. Ich jedenfalls bleibe hier. Ich werde hierher gehören. Wo es ist, wie es zu Hause war. Und werde mir alles ausprobieren und alles können und tun, was hier zu tun ist. Ich. Djiyin.

Und jetzt konnte sie einschlafen und schlief bis in den hellen Morgen hinein, bis die Sonne schon aufgegangen war und hoch, hell und blank am Himmel stand.

Der Tag war festlich hell und voller Vogelstimmen, die Luft blau und voller Wind, und die Wildgänse schrien ihre Reiselust hinaus in die Welt. Es waren nur wenige: Einmal ein Keil von sieben Vögeln, später noch einmal einer mit nur dreien. Sie kamen von weit her und flogen ohne Aufenthalt über die Insel hin. Sie rasteten nicht. Es waren fremde Wildgänse, keine von denen, die Djiyin Trost und Mut zugesungen hatten. Aber jedesmal schien die ganze Welt voll von diesen reisenden, rufenden Vögeln zu sein, und während sie darüber hinflogen, gehörte ihnen die Insel und der ganze hohe Luftraum. So ausschließlich, daß man solange an nichts anderes denken konnte, nichts anderes tun konnte, als ihnen nachsehen.

Djiyin war froh und gar nicht müde, obgleich sie die Nacht durchwacht und nur kurz in den Morgen hinein geschlafen hatte. Sie spürte Hunger. Guten, klaren Hunger. Und als sie jetzt den Topf vom Feuer nahm, schmeckte ihr die Suppe großartig. Sie aß alles auf einmal auf und hätte noch mehr gegessen, wenn es dagewesen wäre.

Zuallererst muß ich sehen, was ich hier zu essen finde, sagte sie sich unternehmungslustig, die Tzetwurzeln in der Mulde reichen wohl eine ganze Weile für mich allein, aber als einzige Nahrung ißt man sie sich bald über, ich will sehen, daß ich noch etwas anderes dazufinde. Und das wichtigste wird sein, herauszukriegen, ob ich wirklich allein auf der Insel bin.

Sie versorgt das Feuer, sichert den Eingang, läuft durch die Dünen zum Meer hinunter und den flachen, sandigen Strand entlang.

Klare, hochstehende Sonne im Gesicht, Wind in den Haaren – er geht auch durch die Kleiderfetzchen hindurch, die sie auf dem Leibe hat, und ist noch kalt. Aber er kommt weither über das Meer, der Raum bis an die Kimmung ist voll davon, und die kleinen, regelmäßigen Flutwellen gehorchen ihm gerne, sie laufen den Strand hinauf, so hoch sie können, bis an den obersten Seegrasstreifen kommen sie, der die Flutmarke ist. Weiter hinauf ist der Strand leer. Erst bei Ebbe wird sich – vielleicht – etwas Eßbares finden lassen, was die Wellen herantragen und zurücklassen: Muscheln und Tang, Krabben und anderes Kleinzeug, das sich darin verfangen hat. Vielleicht ein Fisch, der mit der Flut auf den Strand geraten ist und nicht mehr zurück kann. Oder Schwemmholz! Denn zunächst wird Djiyin Feuerung beschaffen müssen. Strandtrieb, Reisig aus dem Buschwerk hinter den Dünen – aber vor allem dickes Schwemmholz, das das Feuer hält. Bis jetzt hat sie auf der Insel noch keinen einzigen Baum gesehen, und es ist noch kalt, sehr kalt, wenn auch die Sonne schon wärmt – falls sie scheint.

Solange die Flut noch steigt, bleibt der Strand leer. Aber der Blick über das Wasser hin vertreibt jeden Hunger. Unbegrenzt ist die lebendige Wasserfläche, stetig, regelmäßig der Wellenschlag vor Djiyins Schritten. Der Wind spielt im rieselnden Sand, in den vorjährigen, raschelnden Strandhaferhalmen, deren Spitzen Kreise in den Sand malen, die der nächste Windstoß wieder verlöscht. Er stäubt ein wenig im losen Sand, jagt ein paar Körner den Dünenabhang hinauf – Djiyin blickt ihnen nach, sieht sie fallen und liegenbleiben bis zum nächsten oder übernächsten Windstoß – so geht sie ein in diesen Zusammenklang von Wetter und Erde, der ihr Heimat wird.

Ein Hase springt vor ihr hoch, schlägt einen Haken, läuft in die Dünen – sie ihm nach. Aber sie holt ihn nicht ein. Das muß ich das nächste Mal anders machen, denkt sie zufrieden.

Auch die Möwen lassen sich nicht fangen. Sie sitzen in langer Reihe dicht am Wellensaum, sehen übers Wasser hin, beobachten Djiyin, schreien, flattern plötzlich auf und setzen sich ein paar Schritte weiter wieder hin und blicken wieder übers Wasser. Sie warten, daß die Flut zurückgeht und ihnen

Futter im Tang zurückläßt. Sie sitzen wartend still, aber greifen lassen sie sich nicht. Wenn Djiyin den Grabstock nach ihnen wirft, trifft sie daneben. Oder sie trifft auch die Stelle, wo der Vogel eben noch saß. Aber da ist er schon weg. Flattert spannenhoch über der leeren Stelle in der Luft und schimpft. Und die ganze Reihe schimpft und zetert mit und überlegt sich, ob sie abstreichen soll. Aber sie bleiben dann doch sitzen. Sie werden doch nicht ausrücken vor einem einzigen Zweibeiner, der nicht einmal fliegen kann!

Inzwischen fängt das Wasser an zurückzugehen, da und dort klebt ein Tangfetzchen im nassen Sand, das die Wellen nicht mehr erreichen. Djiyin sammelt einiges davon ein. Es ist genug. Das Fischerkind weiß, wie wenig nur man davon essen darf – noch dazu zum ersten Mal nach der langen Winterpause –, ohne schlimme Magenschmerzen zu bekommen. Aber das wenige erfrischt fast sofort. Sie sammelt noch etwas, drückt es aus, rollt es zwischen den Händen zum Ball – das ist für morgen. Mehr braucht sie nicht. Es gibt ja jeden Tag genug Neues davon.

Sie kommt an die Stelle, wo das überhängende Kliff den Weg versperrt. Es ist der über die Meeresoberfläche hinausragende Gipfel des abgesunkenen Gebirgszuges, um den herum die kleine Insel angeschwemmt wurde. Massiv, schwarz und scharfkantig ragt er hoch hinein in die hellflimmernde Luft. Großes und kleines Felsgetrümmer liegt im Meere davor verstreut: weißumbrandet, glattgeschliffen, immer wieder überspült. Die ankommenden Wellen werden dazwischen zu spitzgipfligen, schäumenden Wogenkämmen zusammengeschlagen und branden so: tosend, donnernd, schäumend, hinein in die Spalten und Höhlen des Felsmassivs, die der ständige Wellenschlag immer tiefer aushöhlt. Bis auf den flachen Strand hinaus überbrüllt das Tosen der Brandung jedes andere Geräusch, zittert der Boden von ihrem rhythmischen Anprall, ist die Luft naß vom Gischt der zerstäubenden Wellenkämme. Djiyin kann nicht erkennen, ob der Strand dahinter umbiegt oder geradeaus weiterläuft.

Und dort sind Vögel – Frühlingsvögel! Paarweise schwimmen sie zwischen den von Wellenschlägen umtosten, ständig vom Gischt überspritzten Steinen – sitzen sie zusammen hoch oben auf den Simsen des Felsens und sehen hinunter. Immer ein schwarzes, sehr ruhiges Weibchen und ein weißbuntes Männchen daneben, das den Hals reckt, den Kopf zurückwirft, schnäbelt, schwänzelt, sich zeigt – Eiderenten sind das. Sie werden hier brüten. Sie gehören auf die Insel.

„A-hua!" sagt das Weißbunte, bläht sich, plustert sich auf, verrenkt sich fast den Hals. „Huhu!" sagt das Schwarze gelassen, sieht gar nicht hin, schaut vor sich her auf das Wasser, das noch zu schwer fällt, noch zu kalt ist für Liebesspiele.

Aber dem Mädchen wird vor Freude warm bis in die Fingerspitzen:

Es gefällt ihnen hier. Sie werden hier bleiben, brüten, Junge haben, werden sie füttern und erziehen, mit ihnen auf den Wellen schaukeln. Sie werden mit Djiyin zusammen auf der Insel leben. Dasein. Sich freuen. Sie gehören hierher. Leblos und leer ist die Insel nicht.

Indessen ist die Flut zurückgegangen, ein breiter Strandstreifen ist schon frei, besät mit Tang, Muscheln, Krabben, Seesternen – allerhand Getier und Abfall, wie es das Meer an jedem Strand zurückläßt. Die Möwen sitzen drin, picken und haben jetzt keine Zeit, sich zu zanken.

Und in Djiyins Magen meldet sich energisch der vorhin genossene Tang. Er ist Gewürz, Zuspeise, keine hungerstillende Nahrung. Im Gegenteil: Er wirbelt den eingeschläferten Hunger auf. Es ist an der Zeit, daß Djiyin den Strand absuchen geht, ehe die Möwen das Beste herausgesammelt haben.

Die fliegen immer erst im letzten Augenblick unter ihren Füßen auf, zetern über den lästigen Zweibeiner, der sie aufstört – aber nicht lange. Gleich hinter ihrem Schritt fallen sie wieder ein und picken, bis ihnen der Kropf so schief hängt, daß sie nur schwerfällig, schräg gegen den Wind, hochkommen. Und Djiyin denkt sich gar nichts dabei und findet es nicht im geringsten sonderbar, daß sie hier, umflattert von ärgerlich kreischenden Vögeln, entlangläuft und sich vor ihrem

Schnabel von der gemeinsamen Beute möglichst das Beste fortholt. Sie findet eßbare Muscheln und Krabben, Schnecken und kleine, noch durchsichtige Sandaale, zwei halbwüchsige Flundern, die hochschnellen und versuchen, zurück ins Wasser zu kommen – dieses und das. Reichlich genug für die nächste Fischsuppe. Und zwei Stücke Treibholz, das an der Sonne gut durchgetrocknet werden muß und dann zwischen anderer Feuerung lange glimmt und die Glut hält, wenn es auch selber nicht mehr viel Wärme hergibt.

Zum Schluß läuft sie noch einmal hinüber zu der Mulde mit den Tzetwurzeln. Solange sie noch nichts anderes findet, sind sie eine gute Ergänzung zur Fischsuppe.

Brot müßte man haben! denkt sie sehnsüchtig. Sie hat schon fast vergessen, wie Brot schmeckt. Aber Fischsuppe mit Wurzeln ist ja schon sehr viel mehr als nichts!

Beim Wurzelausziehen stößt sie in geringer Tiefe auf einen Widerstand, auf dem der Grabstock entlanggleitet. Was mag das sein? Sie gräbt nach und legt den Rand eines Kanoes frei. Was ist das? Ein Kanoe? Hier? Jeder andere hätte wohl vor Schreck und abergläubiger Scheu schnell alles wieder zugeschüttet, die Stelle unkenntlich gemacht und wäre auf und davon gegangen. Djiyin gräbt weiter, mutig und neugierig, vorsichtig, achtsam. Nach langer Anstrengung liegt in einer flachen Erdgrube ein Kanoe vor ihr! Tatsächlich! Es ist sorgfältig abgedeckt. Als sie behutsam die Decke abhebt – sie ist steif, schwer, wasserdicht aus dicken Fellen zusammengenäht – findet sie es bis an den Rand vollgepackt mit Nahrung: mit Brotkorn, Fischöl, getrockneten Fischen, getrocknetem Fleisch, Beeren – alles sauber in Seehundblasen, Ledersäcken, wasserdicht geflochtenen Taschen und Krügen zuverlässig verwahrt. Dazwischen eine aus Wurzeln geflochtene Tasche mit Werkzeug – auch ein Feuerquirl ist dabei! –, Angelgerät, Speere, Messer, anderes Gerät, das sie nicht zu handhaben weiß. Vor allem so viel, viel mehr, als ein einzelner Mensch in einem ganzen Jahr verbrauchen könnte.

Djiyin war überwältigt: So lange schon – eigentlich seit sie von zu Hause fort war – war sie hungrig gewesen, hatte sie all ihre List und Gewandtheit anwenden müssen, um immer da und dort etwas zu ergattern, womit sie den Hunger wenigstens beschwichtigen konnte. Jetzt lag da gute, kräftige Nahrung, genug und übergenug, und nur für sie allein!

Sie erschrak: Für sie? Allein? Wer hatte das vergraben? Es mußte doch – irgendwo auf der Insel – ein Mensch sein, dem dieses alles gehörte!

Wenn der jetzt kam? In diesem Augenblick kam – sie hier fand – sie beim Stehlen ertappte?

In Klinkwan hatte sie gehört, die Insel sei unbewohnt. Und sie hatte bis jetzt noch niemanden gesehen, auch nicht eine Spur eines Menschen entdeckt. Aber das besagte nichts: Sie war ja nur erst ein kleines Stückchen am Strand entlanggelaufen. Auf der anderen Seite der Insel, oder hinter dem hohen Kliff, mochte gut jemand wohnen. Einer, der hier seine Vorräte eingegraben hatte!

Was nun?

Weglaufen hatte keinen Zweck. Wenn jemand da war, der sich die Zeit genommen hatte, ein so sonderbares Versteck für seine Vorräte anzulegen – der fand sie bestimmt.

Was würde er ihr antun?

Was könnte es für ein Mensch sein?

Ein Mann sicherlich. Ein starker, geschickter Mann, der solch eine große Arbeit unternahm und sorgfältig ausführte.

Ein böser Mann? Der sie schlug, weil sie an seine Vorräte gegangen war?

Oder einer, der sich freute, daß er nun nicht mehr allein auf der Insel war?

Mit dem sie sich würde vertragen können? – Es war nicht auszudenken.

Vor allem mußte sie das hier schnell wieder zugraben. Damit man nichts merkte! Damit nichts *verdarb*!

Und beeilen mußte sie sich. Denn der kurze Frühlingstag ging zu Ende, es dämmerte bereits, wurde auch schon wieder kalt. Sie fühlte das durch ihre schlechte Kleidung.

Und weil dort unter allem anderen ein Anzug lag, ein neuer

und warmer Männeranzug – zog sie ihn an. Er war etwas zu groß. Aber er wärmte sofort.

Wenn er kommt, sage ich ihm, daß ich so gefroren habe, beschloß sie. Ich schone seine Sachen, sosehr ich kann, und wenn er sie mir läßt, werde ich dafür arbeiten. Vielleicht braucht er das alles hier selber nicht so nötig, da er es ja erst einmal eingegraben hat! Und weil ihr der Hunger fast noch mehr zusetzte als die Kälte, nahm sie auch etwas von dem Brotgetreide – und das Feuerzeug –, und schließlich stellte sie auch den kleinsten Krug mit Fischöl heraus, bevor sie das übrige sorgfältig zurückpackte, die schwere Decke darüber ordentlich verstopfte und Erde darüberschüttete.

Beim Abdecken mit den Sodenplatten merkte sie, daß der Besitzer lange nicht mehr hiergewesen sein mochte, denn zwischen den Wurzeln und den Grashalmen vom vorigen Jahr waren bereits kleine Stämmchen von Weiden, Ginster, Kiefern- und anderem Gesträuch gewachsen – der Wind mochte sie hier angesät haben –, die hatten frische, kräftige Wurzeln, offenbar waren sie völlig ungestört geblieben. Manche Stämmchen waren so dick wie ein Kinderfinger – so lange wuchsen sie schon hier, so lange hatte das alles unberührt vergraben gelegen. Diese Beobachtung machte ihr wieder Mut.

An diesem Abend hatte Djiyin ein üppiges Abendessen, von dem sie ganz satt wurde. Aber bevor sie einschlief, hatte sie eine sorgenvolle Stunde. Was sollte sie machen, wenn der Mann, dem das Kanoe gehörte, sie erwischte? Sie mußte ihm sagen, daß sie zufällig darauf gestoßen sei. Daß sie nur das Allernötigste genommen hätte und es abarbeiten würde. –

Oder borgen und schonen und zurückgeben. –

Aber wie sollte sie zurückgeben, was sie aufgegessen hatte? Vielleicht schenkte er es ihr – da er es doch offenbar selber nicht so nötig brauchte? –

Vielleicht fand sie ihn nicht. Vielleicht war er gar nicht auf der Insel –

kam nur manchmal her –

oder war gestorben?! – – –

Wenn er gestorben war, war das Ganze gefunden, gehörte es ihr. Dann war alles einfach und ein ganz großes Glück! Dann hatte sie auf jeden Fall zu essen, soviel sie brauchte, auch wenn sie selber einmal nichts fand. Hatte Kleidung und Werkzeug und alles, was sie etwa sonst noch benötigen würde. Dann konnte sie hier leben, jagen und fischen, arbeiten und sich freuen.

Dagegen, *wenn* er noch lebte – auf der Insel oder sonstwo in der Welt –, dann war es geborgt. Auf jeden Fall würde sie es schonen und nur sparsam verbrauchen. Und es abarbeiten, sowie sie ihn träfe. Bestimmt! Jedenfalls mußte sie vor allen Dingen gleich morgen die ganze Insel absuchen, ob er hier war.

Nachdem sie sich das alles so überlegt und zurechtgedacht hatte, schlief sie unbesorgt ein. Unbekümmert: Sie hatte ein Dach über dem Kopf und warme Kleidung. Sie würde zu essen haben: Kaninchen – vielleicht auch andere Tiere – Fische – Strandbeute – später Vogeleier, Beeren, vielleicht würde sie sogar Nüsse finden – und für jede Verlegenheit war da der Vorrat in dem Kanoe, den sie in der Not immer einmal anborgen gehen konnte. Mit dem unbekannten Mann würde sie schon einig werden – das war ihr letzter Gedanke vorm Einschlafen, in den schon die Zuversicht ihres Kinderschlafes hineinleuchtete.

Als erstes kletterte sie gleich am nächsten Morgen den sanft ansteigenden Abhang des Felsenkliffs hinauf – das nach der anderen Seite zu, mit überhängendem Gipfel, so sehr schroff zum Meere abfiel. Es ging zwischen dichtem Beerengesträuch und über lose liegendes Felsgeröll steil aufwärts, an dem winzigen Wasserrinnsal entlang, das unten in der Wiesenmulde versickerte und das weit oben, dicht unter dem Plateau, das den Abschluß auf dieser Seite des Kliffs bildete, aus einem langen, engen Querriß im Felsen herauströpfelte. Von dort oben hatte sie eine gute Übersicht über die ganze Insel: Winzig klein – ein losgerissenes Fetzchen Erde, lag sie auf der weiten, horizontumspannten Meeresfläche – fast schien es, als schaukele sie darauf, als gingen die langen, weit aus Sonnenuntergang herkommenden Wellen unter ihr hindurch und auf der anderen Seite weiter. Der aufsteigenden Sonne entgegen. Es war zum Schwindligwerden.

Aber Djiyin stemmte die Beine fest auf den Boden und sah sich alles genau an: Das Kliff. Und um seinen Fuß herum, nach Sonnenaufgang zu weiter ausgezogen, der niedrige Sandstrand, dessen breiter, sehr flacher Rand von jeder Flut überspült wurde und mit einem schmalen Haken weit ins Meer hinauslief.

Aufmerksam sah Djiyin hinüber: Dort sammelt sich Seetrieb nach jeder Flut, wußte sie, Seetang und Muscheln, Krabben, kleine Fische – allerlei Eßbares. Und vielleicht auch Treibholz. Die kleinen flinken Seeschwalben werden sich da ansiedeln, die immer abseits von allen anderen Vögeln brüten mögen. Dort kann ich dann bequem an die Eier herankommen, wenn es erst soweit ist – – –

Nur an der Windseite, zum Großen Ozean zu, war eine Reihe von niedrigen Dünen aufgeschüttet, an der windabgekehrten Seite mit lockerem Gesträuch bestanden, und in ihrem Schutz lag die Mitte der Insel, von hier oben gesehen ein dichtes Gebüsch, aus Nadelholz und kahlem, struppigem Gezweig gemischt, das später im Jahr grün und dicht werden würde.

Das alles war ein wenig so – und doch wieder anders – als Djiyin es von der Heimatinsel in Erinnerung hatte. Aber damals war sie noch klein gewesen. Ein eifriges, zwitscherndes Kind, das am Strand zwischen den Brüdern hin und her lief, um die Hütte herum bei der Mutter eifrig beschäftigt war, das sich erst einmal nur um das kümmerte, was es gerade in den Händen hielt.

Dicht an der Erde – so weit sie mit den Händen greifen, mit den eigenen Füßen laufen konnte, hatte sie damals gelebt. Und hatte alle Kraft, allen Einfallsreichtum gebraucht, um sich in diesem Leben zu behaupten.

Heute sah sie mit den Augen hinein in den Raum zwischen den Horizonten, der grenzenlos, den Händen unerreichbar, nicht zu erlaufen ist.

Die Insel, die ihr noch in der Nacht voller Geheimnisse –

vielleicht gar voller Bedrohung gewesen war, der sie nur mit all ihrem Mut, mit langen Überlegungen und tapfer bereitgehaltener Zuversicht beigekommen war, lag jetzt übersichtlich zu ihren Füßen. Zwar mochte noch Unerwartetes in dem Gebüsch stecken, Überraschendes aus den Dünen auftauchen, gewiß. Aber in der Unermeßlichkeit von Meer und Luftraum war sie klein, vertraut, fast schon handlich und heimatlich geworden.

Lange saß sie dort oben, auf einem Stein, den die Sonne angewärmt hatte, nahm diese neue Heimat in all ihren Einzelheiten in sich auf – so weit sie von dort oben erkennbar waren – und ging dann getrost den Weg, den sie erklommen hatte, abwärts. Nach Hause, dachte sie bereits. Mit klaren, einfachen Entschlüssen: das Feuer anfachen, Essen bereiten und vor dem Einschlafen das Gesehene noch einmal in der Erinnerung durchdenken. Aufmerksam suchte Djiyin in den folgenden Tagen das alles ab. Schrittbreit um Schrittbreit fast. Nach Spuren von dem Mann, der das Kanoe vergraben hatte, aber auch nach den Möglichkeiten, die die Insel ihr zum Leben bot.

Vögel waren da, Krähen vor allem, die sich mit den wenigen Möwen, die vorläufig erst auf der Insel waren, um das Futter am Flutsaum zankten. Einen Raben hatte sie auch gesehen – allein, weitab von der lärmenden, fressenden Möwen- und Krähenschar. Aber er würde wohl nicht ganz allein sein, sicherlich wartete irgendwo die Gefährtin.

Und außerdem nur noch kleine, so hurtig und scheu wegflitzende Vögel, daß sie sie im einzelnen nicht hatte erkennen können.

Ein einziger, krummer, niedriger Baum war da – eher der zerfetzte Rest eines Baumes, mit zerbrochenen, verdrehten, verrenkten Aststümpfen. Er sah erbarmungswürdig aus. Aber er war grün und dicht von langen, robusten Nadeln, ein hartnäckig standhaltendes Lebewesen, das Djiyin wie einen vertrauten Freund ansah. Aber richtig vollästiges Gesträuch, das Brennholz abgeben würde, fand sie nirgends. Strandtrieb und Schwemmholz würde sie vor allem stapeln müssen, kein Stück davon durfte ihr entgehen. Für Feuerung mußte sie vor allen Dingen sorgen. Denn Nahrung würde das Meer spenden. Das

Meer und das Kanoe. Darum brauchte sie sich nicht mehr zu sorgen.

Mit jedem Gang, bei jeder Rückkehr in ihre Hütte fühlte Djiyin sich reicher, freier, zuversichtlicher, bewegte sie sich geschickter und selbstsicherer, zog sie tiefer und froher den hellen, weither kommenden Wind in ihre Lungen, der nach nichts anderem schmeckte als nach Tang und Salz.

So richtete sie sich ein. Ein dreizehnjähriges Indianermädchen ist bereits eine vielseitig ausgebildete „Hausfrau", die sich gut durchzuhelfen weiß, erst recht eine Waise, die seit Jahren für sich selber hat einstehen müssen. Noch einmal holte sich Djiyin aus dem Kanoe, was sie an Kleidung, Werkzeug und Nahrung noch brauchen würde als Reserve für die Tage, an denen es ihr selber nicht gelingen mochte, das unbedingt Nötige zum Leben heranzuschaffen.

Vor allem anderen war das Wetter ausschlaggebend. Die kalten Tage mit blitzendem Sonnenschein, an denen aus der hellen Luft immer wieder kleine ziehende Vogelgruppen ihren Jubelgruß herunterriefen, waren vorüber. Die wärmere Luft schlug sich über dem Meer und der kalten Küstenströmung als Nebel nieder, bildete schwerlastende Wolken, die sich über den ganzen Himmel zogen, das Licht aussperrten, die Ferne verhüllten, den Wellenschlag leise und die Luft schwer zu atmen machten. Die meisten Vögel verkrochen sich, nur ein paar Möwen saßen gelangweilt am Strand, ohne sich zu rühren. Ohne zu schreien, sahen sie mißmutig über das reglose Wasser.

Auch Djiyin war lustlos, sie fror und fühlte sich unbehaglicher in dieser lastenden Nässe als vorher im eisigen, lustigen Wind.

Morgen! dachte sie resigniert, wenn beim Aufstehen wieder der Nebel um die Hütte stand, und zwang sich, das täglich Notwendige so zu besorgen, als ob gutes Wetter wäre. Aber jeder Handgriff dauerte lange und geriet ihr nur so ungefähr und obenhin. Morgen! Morgen scheint die Sonne wieder! versuchte sie sich einzureden. Aber die Nebel standen auch am nächsten

Morgen und weiterhin Tag um Tag unverändert, rührten sich nicht, schienen sich niemals wieder fortbewegen zu wollen. Djiyin ging umher, als hätte sie zwei Augen zuviel im Kopf. Jeder Laut war gedämpft, von jedem Halm tropfte es, nirgends war etwas da, an dem die erloschene Freude sich wieder hätte entzünden können.

Überdruß packte sie, als sie einen gestrandeten Kabeljau fand. „Früher einmal" – in den ersten Tagen ihres Hierseins – hätte sie sich gefreut, hätte ihn zubereitet und befriedigt aufgegessen. Jetzt entlud sich ihre ganze gestaute Gereiztheit an diesem Fund.

„Ich denke nicht daran, immer solch schlappes, gestrandetes Zeug zu essen!" rief sie wütend, als stände einer da, der ihr das zumutete, und warf den Fisch in hohem Bogen zurück ins Meer, wo er mit dem Bauch nach oben auf dem Wasser liegenblieb.

„Morgen wird er immer noch an derselben Stelle treiben!" schimpfte sie grimmig, unterdrückte absichtlich den Funken Vernunft, der etwas gegen diese ungerechtfertigte Gereiztheit über den toten Fisch einwenden wollte, machte kehrt und fing verbissen an, in ihrer Hütte das Angelgerät instand zu setzen, das sie im Kanoe „ausgeborgt" hatte.

Sie kam schließlich – nach manchem ungeduldigen Mißlingen – damit zurecht, hatte sie doch vor Jahren den Brüdern dabei zugesehen und wußte immer noch ungefähr, wie es aussehen mußte.

Damit balancierte sie über das Felsengetrümmer, das unter dem überhängenden Klippengipfel im Wasser lag, hinaus, so weit sie kommen konnte, setzte sich auf einem der Steine zurecht und machte sich, ohne rechts und links zu sehen, ausgerechnet an diese Beschäftigung, die für das herrschende Wetter die allerunangenehmste war: beim Wasser reglos stille sitzen und warten.

Aber sie hatte Erfolg: Sie fing kurz hintereinander zwei Fische, beide nicht allzu groß, so daß sie gut damit fertig werden konnte. Zuerst einen bösen, roten Fisch mit wilden Augen und ganz schrecklichen Stacheln, der wild um sich schlug und nach ihr schnappte, als sie ihn von der Angel nahm, und dann einen kleineren, gelbgrauen, glatt wie ein Aal, der ausgesprochen dumm aussah und sich gar nicht wehrte.

Als sie danach die Angel zum dritten Mal auswarf, erlebte sie unerwartet ein ganz großes Glück: Ein seltsames, mächtiges Sausen kam aus der Luft herunter, geradlinig auf sie zu, ein glockendröhnender Ruf, wie tobender Sturm und Klang der Muschelhörner, höher und tiefer, immer und immer wieder: „Groa! Groa! Groa!" Klingende, läutende Flügelschläge, zusammen mit dem trompetenden Ruf – wie im Sturm über die Insel hinweggerissen.

Singschwäne! wußte sie. Einen Augenblick lang vermeinte sie sie über sich zu sehen: ihre massigen Leiber, die klafternden, schlagenden Flügel, die langhinzielenden Hälse, ihre beschwingte Schönheit und Anmut. Aber die dichte Wolkendecke hatte keine Sicht freigegeben, ihre Kraft und Macht hatte allein in dem dröhnenden „Groa! Groa!" gelegen, in der Harmonie von Ruf und Flügelschlag. Ihr raumbezwingender Jubel brandete in Djiyins Herz. Nicht mehr lustlos und grau war die Welt, in der eine solche hinstürmende Kraft den Raum überwand.

Mitgerissen sprang Djiyin auf. Die beiden Fische waren genug für eine Mahlzeit, was hockte sie hier noch? In der Wiesenmulde hatte sie an einer Stelle Lehm entdeckt. Sie lief, ihn zu holen, hüllte die gereinigten Fische sorgfältig darin ein, schob sie in die Glut – – noch nie, so dünkte ihr, hatte sie so etwas Schmackhaftes gegessen.

Und als sie sich auf dem Lager zurechtkuschelte, dachte sie: Morgen! mit einer so glücklichen Freude, als sei morgen der strahlende Anfang der Welt.

Die Singschwäne waren da! Wo sie auch sein mochten: Sie waren wiedergekommen, waren *da*. Sie waren das Schönste, das Mächtigste, das Herrlichste, was es gab. Yelch selber, der Schöpfer der Welt, der Riesenvogel, dessen weit ausgebreitete, schneeweiße Flügel den Himmel klafterten von einem Weltenrand bis zum anderen, mochte ein Singschwan gewesen sein, bevor ihn das Mißgeschick im Kamin des Riesen rabenschwarz räucherte und zu Rabengröße zusammenschnurren ließ.

Im Einschlafen dachte Djiyin an diese Legende der Küstenvölker, hörte sie erzählen mit der lieben, behutsamen Stimme des Vaters und schlief so tief und glücklich, wachte so gekräftigt, zuversichtlich und froh daraus auf, als könne kein widriges Wetter der Welt ihr noch etwas anhaben.

Das Wetter war allerdings immer noch lastend genug und schwer zu ertragen, und es verschlimmerte sich zusehends. Eines Morgens war die Wolkendecke bei Sonnenaufgang lichter geworden und in Bewegung geraten. Djiyin sah deutlich die hellere Gegend am Himmel, wo die Sonne sich womöglich durchkämpfen würde, einen Augenblick lang war sogar eine vollmondblasse Scheibe hinter den langsam vorbeitreibenden Luftschleiern zu sehen.

Sie kommt durch! freute sie sich hoffnungsvoll. Aber fast im selben Augenblick kam ein Sturm übers Meer her gerast, warf neue Wolkenballen über die abziehenden, löschte alles Licht und jedes bißchen Wärme aus. Es wurde ein düsterer Wintertag, schwerer, schlimmer, als alle Tage vorher gewesen waren. Der Sturm warf sich mit einem wuchtigen Stoß aufs Wasser, wühlte sich tief hinein, schleuderte schmutzig-grüne Wellen gegen die noch ruhig auf die Küste zulaufende Flut, wühlte sich in die Dünentäler, zerraufte das Buschwerk und ließ die Fetzen davon über die Insel fliegen, jagte plötzlich dicke Schneemassen über das Meer, in dessen Wellen sie hängenblieben und versanken, und über die winzig kleine Insel mitten in dieser aufgewühlten Wasserwüste.

Es kam so plötzlich, daß es Djiyin im Freien überraschte. Nicht weit von ihrer Hütte. Aber es kam so schnell und mit solcher Wucht, daß sie sich sogar auf dem kurzen Weg, auf dem sie jeden Stein und jeden Halm kannte, verirrte. Der Sturm riß ihr den Atem aus der Lunge heraus, sie erstickte beinahe, als sie zu Boden fiel und im Nu überschüttet wurde. Sie konnte nichts sehen und fühlte Knie und Hände kalt werden, auf die der Schnee sich schwerer und schwerer legte.

Du bist allein. Keiner hilft dir. Keiner ist da. Keiner wird

dich suchen. Sie nahm all ihre Kräfte zusammen. Es ist nicht weit. Eben noch hast du die Hütte gesehen. Genau gegen den Wind mußt du kriechen, das ist die richtige Richtung. Schnell mußt du kriechen, es fällt immer mehr Schnee, wird immer schwerer. Schnell, ehe die Hände und Beine steif werden. Es tut nicht weh! Nimm dich zusammen, es tut *nicht* weh! Es *hat* nicht weh zu tun! Mach schnell! Bleib nicht liegen – bewege dich, krabbel dich raus, bleib nicht stecken! Keiner wird dich vermissen – keiner hilft dir – du mußt es alleine schaffen – nimm dich zusammen! Dort ist die Hütte – dort, mitten im Sturm! Genau auf den Wind mußt du zuhalten, beeile dich! Beeile dich! – Dort war etwas zu sehen! – Wo? – Weg! – Bleib nicht stecken, es ist ganz nah – beeile dich – es tut nicht weh! – – Ich kann nicht mehr – – du mußt! Noch einen Stoß! – Noch einmal das Knie vor! – Es biegt sich nicht mehr – – Es muß sich biegen! – Gleich – gleich! Drin ist das Feuer, und gleich bist du da – gleich – noch einmal das Knie vor! – Nun das andere – noch einmal – da! – –

Es war das schwerste, nicht liegenzubleiben, als die vortastende Hand an den Türpfosten stieß. Aber sie leistete auch das noch. Fiel durch die zugewehte Türöffnung hinein in den dunklen Raum, in dem der Sturm wie in einer Trommel dröhnte. In dessen Geborgenheit sie kraftlos, bewußtlos zusammenfiel.

Drei Tage lang wütete der Sturm ununterbrochen, jagte er die Flut tief ins Land, warf sich bei Ebbe auf die Kabbelseen und ließ wenigstens von deren Kämmen lange Wassersträhnen landeinwärts fliegen, begrub die Insel unter Bergen von Schnee und fegte sie wieder frei, pfiff, brüllte, jaulte, zerriß die Wolken und warf sie übereinander, drückte sie bis tief auf die Erde hinunter und jagte sie mit einem Stoß davon – das Nachwinterwetter hauste schlimmer, als jemals der bitterste Wintertag sich angelassen hatte.

Djiyin hatte auf ihr Lager hingefunden, ohne davon zu wissen, hatte sich tief eingewühlt in die Streu und war wie ein Stein in den Abgrund des tiefsten Schlafes gefallen nach dieser riesigen Überanstrengung. Schlief bewußtlos, zeitlos, wie ausgelöscht. Auch draußen in der Welt hatte ja der Sturm den Wechsel von Tag und Nacht weggewischt.

Als ihre wiederkommenden Kräfte sich regten, begannen Traumfetzen in ihr aufzustehen. Der übergewaltige Schreck, das mutig unterdrückte Entsetzen lösten sich auf in Erlebnisbilder, kleideten sich ein in alle Nöte und Schrecken, die sie bisher in ihrem jungen Leben schon durchgemacht hatte.

Die Singschwäne hatten in ihrem Herzen des Vaters Stimme geweckt. Des Vaters, der ein Riese war an Macht und Kraft – damals, als sie noch klein war, zwei, drei, vier Jahre alt, laufen und sprechen und denken lernte und sich einlebte in die unabsehbar große Welt unter der hohen Himmelsglocke, die die Kimmung rundum abschloß.

Des Vaters Stimme, die so leicht und zart wurde wie eine Vogelfeder, wenn er mit ihr scherzte, und die doch die ganze Welt, von einem Rand bis zum anderen, füllte, wenn er rief. Und an jenem Morgen – – –

Zauberschön war die Welt gewesen. Voller Leichtigkeit und Freude. Voll von den hellen Stimmen der Brüder, die zur Ausfahrt rüsteten. Nusuis Pfiff dazwischen, der zirpende, zarte Regenpfeiferpfiff, mit dem dieser jüngste – ihr Lieblingsbruder – damals das Schwesterchen zu necken pflegte, das wie ein Regenpfeiferchen auf seinen kurzen Beinchen eifrig und hurtig mit winzigen Schrittchen angetrippelt kam, wo auch immer die Brüder sich etwas zu schaffen machten.

Weit über den Strand hin war des Vaters Stimme gekommen: „Wir machen heute beim Steilabhang der unterseeischen Schwelle fest. Dort staut sich die Fischnahrung im Meer. Dort wird der Kohlfisch stehen bei diesem Wetter, so dicht, so massenhaft, so drängend, daß das Wasser zu kochen scheint und die Fischschwänze an die Planken schlagen. Wir brauchen heute kein Gerät, wir werden ihn mit der Hand, Griff um Griff, aus dem Meere reißen.“

Die Vaterstimme, die frohe, sichere Mannesstimme – nie wird sie in Djiyin verklingen. Das kleine Wort „heute“ umfaßt den Himmel mit seinem Leuchten, seinen Winden, umfaßt das glitzernde, blauflackernde Meer bis an die Kimmung, umfaßt die Insel mit all ihren Tieren und Vögeln, umfaßt die ganze Welt, soweit Djiyin sie schon begreift.

Es brandet hinein in die drei Brüder – diese dreifache, junge Kraft. Wie unternehmungsfroh sie lachten, alle die vier großen Männer, wie ähnlich sie sich wurden in der gemeinsamen Freude des Aufbruchs.

„Unter einer Wolke von schreienden Vögeln werden wir fischen", lachte Clam, der Älteste, „sie werden uns um die Köpfe schwirren und in die Hände picken, sie werden uns mit ihrem Geschrei die Ohren vollgellen, daß wir ganz dösig werden und rechts von links nicht mehr unterscheiden können."

„Ja, dort an der Riffkante läuft eine der großen Straßen der Welt, wo sich die wandernden Millionen des Wassers und der Luft begegnen." –

Wie deutlich klingt des Vaters Stimme heute noch durch Djiyins Traum!

Sie hatte am Strand gestanden. Zugesehen, wie die Brüder hantierten, wie der Vater ihnen genau auf die Hände sah. Hatte dem Kanoe nachgeschaut, wie es hineinglitt in das blendende Licht aus Himmel und Meer, kleiner wurde, noch einen Augenblick als ein sandkorngroßer Punkt zwischen Himmel und Meer hing und dann dahinter verschwand.

Das Meer war unbegreiflich schön und ruhig gewesen an jenem Morgen, ein lebendes, singendes Wunder, eine ewigweite, glitzernde Lichtfläche, von schimmernden Möwen weiß gesprenkelt. Djiyin hatte es gesehen und hatte sich dann daran gemacht, Muscheln zu sammeln, weiße, gerippte Herzmuschelschalen zu einer Kette für die Mutter: immer noch mehr, noch mehr, nur die allerschönsten. Und war erst zur Mutter gelaufen, als die schwarze Wolke über die Kimmung heraufkam.

„Das ist Sturm!" schrie die Mutter auf. „Und sie sind mittendrin!" Sie waren zum Strand hinuntergelaufen. Und standen dort. Unbewegt. Starrten dem heranstürmenden Entsetzen entgegen.

Die schwere, tobende Finsternis kommt auch über die beiden. Die Mutter hüllt Djiyin in ihr Tuch, preßt ihr Gesichtchen gegen die Brust, damit das Kind nichts mehr sehen soll und, in der Wärme der Mutter geschützt, ruhig atmen kann. Aber fort gehen sie nicht. Sie stehen da, gedankenlos vor Angst. Und können nur warten – nur warten – ganz ausgelöscht werden von diesem Warten, das immer vergeblicher wird.

Eine schwergeballte, dunkle Wolkenmasse hatte sich über das Meer herangeschoben, hatte die Männer von allen Seiten her so dicht in treibenden Schnee eingeschlossen, daß sie einander nur noch als Schatten sahen, obgleich sie im selben Boot so eng nebeneinanderstanden, daß sie sich berührten.

Zu Beginn, als das Gefüge des Schneesturms noch nicht ganz so massiv war, sahen sie noch einmal das dröhnende, schwerschlagende Wasser, den zum Himmel aufspritzenden Gischt, aber dann schloß es sie endgültig ein, um sie nicht wieder loszulassen.

Damals war Djiyin klein, bei der Mutter, und begriff noch nichts. Sie begriff es auch später nicht, als sie am Lager der fiebernden, sterbenden Mutter hockte und deren Weinen und Flüstern, deren Grauen und Verzweifeln mit ansah, ratlos, entsetzengeschüttelt, so voller Grauen und Angst, wie nur ein Kind werden kann, dem noch keine Erfahrungen beistehen, wenn ihm vor Augen die Mutter stirbt, wenn ihm Himmel und Erde zugleich einstürzen.

Erst heute, da sie selber in unerbittlicher Lebensbedrohung die Probe bestanden hatte, löste sich das damals wehrlos hingenommene Entsetzen, die unbegriffen in ihr versteinerte Trauer im Traum zu verstehbaren Bildern. Zu Vorgängen, die begriffen, erlitten, nacherlebt – und überwunden werden konnten, die sich umformen konnten zu der klaren, wissenden und wollenden Kraft, aus der das Leben weitergeht.

Djiyin sieht, erlebt im Traum, ist miterlebend dabei: Pausenlos holen die Männer den Fisch aus dem Meer, starke, zappelnde, um sich schlagende, sich wehrende Tiere – Fisch um Fisch werfen sie in das Boot, das unter der Last immer tiefer einsinkt. Sie sehen nicht auf im Übereifer der Ernte.

Und da überfällt es sie: Plötzlich stecken sie mittendrin in der treibenden Dunkelheit. Ein Sturmstoß wirft sich auf das Boot – mit hellem Schwirren reißt das Ankerseil – das Boot überschlägt sich, die Last darin, alle die noch lebendigen, zappelnden, schreienden Kohlfische werden wie Wasser aus einem Topf zurück ins Meer gegossen. Schwimmen davon.

Die vier Männer dazu. Sie kommen wieder hoch. Erreichen auch das schon weitab treibende Kanoe wieder. Wie sie schwimmen können! Stark sind sie. Und unverdrossen. Es gelingt ihnen, sich festzuhalten, sich auf das kieloben von Welle zu Welle weiterspringende Boot hinaufzuarbeiten – sie sind ja zu viert, sie helfen sich gegenseitig. Sie bleiben oben – eine Weile lang. Dort hocken sie, klammern sich fest, von Wasserstaub und Schneegestöber erblindet, vom Dröhnen des Meeres, vom Zischen und Donnern des Sturmes betäubt. Das Wasser rinnt ihnen aus den Kleidern, aus den Haaren über die Gesichter herunter. Sie halten sich fest.

Und das Meer holt einen nach dem anderen hinunter.

Clam ist nicht mehr da. Jetzt gleiten Kagaos Hände ab. Eine Riesenwelle wäscht Nusui herunter.

Der Vater reitet allein auf dem tanzenden Boot. Allein auf dem weiten Meer. Allein in der Welt. Djiyins Liebe erreicht ihn nicht mehr.

Dann der Morgen: Das Meer liegt still, schimmernd, leer – leer bis an die Kimmung. Die Sonne hebt sich aus dem Wasser, die goldene, glitzernde Straße läuft her zu Djiyin, die am Strande steht. Die Mutter ist auch da, aber deren Bild verflüchtigt sich schnell. Nur noch Djiyin steht da, allein, benommen, gefühllos, gedankenlos, gelähmt von Grauen und Schrecken.

Neue Traumfetzen flattern hoch, immer wieder: Die Kohlfische fließen zurück ins Meer – der Vater reitet – Djiyin stöhnt und schreit, weint und verstummt wieder in traumlosen Schlaf hinein –

während der Sturm weiter über die Insel rast, auf den Felsenkanten pfeift, in den Höhlen dröhnt, einebnenden Schnee waagerecht über alles hinjagt und die Schneefontänen tanzen und zusammenfallen macht, den eben abgelagerten Schnee wieder aufjagt und über das Meer hin fortfliegen läßt.

Als am vierten Morgen das Wetter umschlägt, aus klargefegtem Himmel goldenes Morgenlicht über die Welt hinströmt, taumelt Djiyin hoch, dösig von zu langem, zu tiefem Schlaf, benommen von schwerem Traumerleben, das ihr noch ungesichtet, ungeordnet in den Gliedern liegt. Erstaunt, noch nicht recht wach und gegenwärtig, begreift sie noch nicht die Verwüstungen, die der Sturm hinterlassen hat, der jetzt vergangen ist wie ein wüster Morgentraum. Sie macht sich daran, zunächst in ihrem Stübchen Ordnung zu schaffen – aber dann läßt sie doch alles stehen und liegen und läuft hinaus, an die freie Luft, denn der Kopf ist ihr immer noch schwer, sie muß erst ganz aufwachen und zu sich kommen.

Sie läuft ihren Weg zum Strand hinunter. Der Durchbruch durch die Dünen ist breiter geworden. Und in den versteckten Winkeln liegt hier und dort noch ein Häufchen Schnee.

Der Strand ist mit Trümmern wie besät: Schwemmholz, nasser Matsch, Tang, Muscheln, Krabben, Meeresabfall aller Art, dazwischen verendete Tiere, Fische und Vögel: Möwen, Enten, Seetaucher, Tölpel – naß, mit struppigem Gefieder, halb eingesandet, kaum mehr zu erkennen. Und zu Hunderten und aber Hunderten eine eigentümliche Art von Wasservögeln, die Djiyin noch nie gesehen hatte: Sie waren etwa so groß wie Krickenten, aber dunkelbraun, nur die Unterseite war weiß, die Füße waren ganz hinten am Rumpf, schon unter dem keilförmigen Schwanz angewachsen, die Flügelchen, kurz und schmal, schienen kaum zum Fliegen zu taugen, und der schwarze Schnabel war stark, bildete mit dem flachen, glatten Kopf einen stoßkräftigen Keil.

Ob das die Alke waren, von denen die Frauen auf der Herfahrt geredet hatten? Sie sollten hier auf der Insel beheimatet sein, hatte sie gehört, soweit ein Tordalk überhaupt eine Heimat hat. Sie seien gesellige Vögel, einzeln träfe man sie niemals an, zu Hunderten säßen sie dicht an der Felsenkante und spähten aufmerksam über das Meer. Aber sie seien zu gar nichts nütze: Essen könne man sie nicht, sogar die Eier schmeckten tranig und seien ganz und gar ungenießbar, und brauchbare Federn hätten sie auch nicht.

Djiyin hatte immer nach ihnen ausgeschaut, aber sie noch nicht zu Gesicht bekommen.

Sie hatten wirklich schon in langer Reihe dicht an den Kanten der Felsen am Strande gehockt und hatten das Wetter und den Seegang beobachtet. Als nun im Spätwinter das Wetter so verlockend wurde, hatten sie sich verführen lassen und waren noch einmal um zu fischen in langer Kette hinaus aufs Meer geflogen, wo sie ihr ganzes Leben zubrachten, schwimmend und tauchend auf die Fischjagd gingen und zur Nacht den Kopf unter den Flügel steckten und von den Wellen gewiegt schliefen, bis der Morgenhunger sie wieder weckte.

Dann hatten sie sich erneut aufgemacht, um auf der Insel zu brüten. Aber der unerwartet ausgebrochene Sturm hatte selbst die erfahrenen Vögel überrascht. Er hatte das Meer so tief aufgewühlt, daß sie nicht tauchen konnten und hungrig, matt und willenlos vor ihm hergetrieben und von den Brandungswellen auf den Strand geworfen wurden. Da lagen sie nun: zerzaust, verklebt, versandet, verendet.

Djiyin sammelte einige und hängte sie in den Rauch ihres kleinen Feuerchens; denn gut durchgeräuchert konnte man sie gelegentlich, in der Not, als Feuerung verwenden. Aber vor allem sammelte sie das gestrandete Holz. Einen großen Haufen brachte sie schließlich vor ihrer Hütte zusammen: Vorrat für viele, viele Wochen. Immer bequemer, immer sorgloser ließ sich ihr einsames Inselleben an. Nur hatte sie heute diese reiche Ernte, die sie auf lange von der Sorge um Feuerung befreite, ohne jede Freude eingebracht. Sie war noch benommen. Der Sturm – vielmehr das, was er in ihr aufgewirbelt hatte – lag ihr schwer in den Gliedern. Sie sah die Holztrümmer, sammelte sie auch eifrig ein, schichtete sie sauber und geschickt bei der Hütte auf, aber sie freute sich keinen einzigen Augenblick dabei. Ihr war, als schliefe sie immer noch und täte jeden Handgriff willenlos, wie im Traum. Und vor der Hütte, diesem kleinen, vertrauten Raum, scheute sie sich geradezu, als lauere dort der schwere Traum auf sie, um sie erneut zu überfallen. Erst spät am Nachmittag gab sie sich einen Ruck, ging hinein und machte sich daran, die durch Sturmschaden und durch ihren langen Schlaf entstandene Unordnung zu beseitigen. Noch bevor sie ganz damit fertig war, wurde sie aber so müde, daß sie sich hinlegen mußte und sofort einschlief.

Und fuhr aus dem Tiefschlaf auf von einem gellenden, entsetzlichen Schrei – einem schrillen Schreckensschrei, wie ihn ein Mensch nur in höchstem Entsetzen ausstößt. Djiyin setzte sich, starrte hinaus in das Dunkel und zitterte am ganzen Leibe. Der Schrei wurde zu wildem Hohngelächter, jedes Haar auf Djiyins Kopf richtete sich steil auf. Die Dzonoque!! wußte sie. Die Waldhexe! Die böse Mutter! Die Mutter aller bösen Erdenkräfte! Menschen gab es nicht auf der Insel, das hatte sie inzwischen festgestellt. Vor dem Mann, dem das Boot gehörte, hätte sie nicht solche Angst gehabt. Der hätte sie vielleicht geschlagen, aber wahrscheinlich hätte sie ihn versöhnen, sich mit ihm einigen können. Aber der Waldhexe war sie ausgeliefert, es war nicht auszudenken, was die ihr antun würde, wenn sie sie entdeckte. Es war nicht möglich, ihr zu entgehen, etwa wegzulaufen, sich zu verstecken, sie würde – – –

Was würde sie? Was nur? – – –

Das Hohngelächter steigerte sich zu wildem Jauchzen – Jetzt hat sie gemerkt, daß ich da bin! – Jetzt kommt sie – Was mache ich bloß? – –

Wo soll – wo *kann* ich hin?

Das schmetternde Jauchzen sinkt zusammen: Jetzt wimmert sie – kläglich – immer noch –

Was hat sie nur? Hat sie mich vielleicht doch noch nicht bemerkt? Wie kann ich mich verstecken? Wohin? „Huuu, huhuhuuuu, huhuhuhuuuuu" – Djiyin verkriecht sich unter die Decke – die dicke, warme, schwere Wolldecke aus dem Kanoe – wühlt sich so tief ein, daß sie kaum noch Luft bekommt, zittert am ganzen Leib – der Schweiß bricht ihr aus allen Poren – aber sie hört es doch. Gedämpft durch die Decke, klingt es noch viel schauerlicher.

„Rlurlurlurluuuuuuu" – immer weiter, immer weiter: „Rlurlurlurluuuuuuu" – heiseres Bellen, grausiges Lachen dazwischen, und „rlurlurlurluuuuuuuu" – endlos, pausenlos, immerzu, immerzu – – –. So lange, daß sie schließlich darüber einschläft. Und am Morgen, aus der Decke auffahrend, mit einem Schrei erwacht.

Aber es ist nichts da, gar nichts Schreckliches. Die klare Luft strömt herein, hell ist es draußen, sonnig, warm. Djiyin sitzt benommen im Bett, mit zerzaustem Haar, klebt am ganzen Leib.

Erst ins Wasser! Abwaschen, sauber rubbeln – und die Kleider gründlich lüften, bevor ich sie anziehe!

Hab ich geträumt?

Was habe ich geträumt?

Werde ich krank, daß ich so schlecht träumen muß?

Das Meer is eisig kalt, es fährt wie Feuer durch den Leib, reißt zusammen, erfrischt: Nein, ich bin nicht krank.

Sie sieht wieder scharf, aufmerksam, erkennt jede Kante weit draußen am Felsenriff – erkennt deutlich in allen Einzelheiten den immer noch verwüsteten Strand, die schreienden, kreisenden, hackenden Raubvögel über der stinkenden Beute.

Wo kommen plötzlich die vielen Vögel her? Weiß, blendend wirbelt es im hellen Licht über dem Strandstreifen. Sind die Möwen über Nacht angekommen?

Aber Djiyin muß erst zur Hütte zurück. Etwas trinken. Essen auch. Und die Hütte aufräumen, alles blitzfrisch machen, ehe sie den Tag neu beginnt.

Sie ist nicht krank. Keineswegs.

Vielleicht hat sie nur geträumt?

Nein. Sie hat nicht geträumt. Da war etwas. Die Dzonoque vermutlich, das grausige, allmächtige Waldgespenst.

Vielleicht –

wenn sie kommt –

dann wird Djiyin erfahren, was die Dzonoque von ihr will und wie sie mit ihr fertig wird.

Sie ist nicht krank.

Sie spürt sich leben.

Atmet tief die Salzluft ein, den Tanggeruch, den Gestank der verwesenden Vögel. Hört das Krächzen, das Schreien und

Kreischen der Raubvögel, die am Fraß sind, und den Schlag der Brandung, in dem alles zufällige Rieseln und Flattern, Schreien und Stillsein untergeht.

Als sie über die Düne herunterkommt, erblickt sie den Vogel. Ein großes, rundes Gesicht. Übergroße, blanke Augen. Der spitze Schnabel verschwindet fast in den aufgeplusterten Federn, auch die Augen blinzeln jetzt, schließen sich, verschwinden in dem fedrigen Gesicht. Unbewegt, wie schlafend – wie ein dicker, schlafender alter Mann hockt er auf der höchsten Spitze des verkrüppelten Astwerkes, dem Sturm und ständige Strandwinde verwehrten, ein Baum, eine richtige Kiefer zu werden. Plötzlich wittert er, reißt die Augen auf, knappt mit dem Schnabel – und dann lacht er sein jaulendes Lachen: „Kiu-witt, kiu-witt, huuuu, huhuhu, huhuhuhuhuuuu!" – schüttelt die Flügel, plustert sich auf, „huhuhuuu!" streicht er ab.

Djiyin muß sich setzen: Das war es also! Ein Vogel! Ein dickaufgeplusterter Vogel mit einem großen, ruhigen, runden Gesicht, fast wie ein Mensch.

Sie hört ihn von weit her ununterbrochen trillern, sieht ihn am Rande des Buschwerks einen zweiten Vogel jagen, der etwas größer als er selber ist, tiefdunkelbraun, mit langsamerem, wie zögerndem Flügelschlag. Er treibt diesen anderen hin und her. Dann hat er ihn wohl gestellt, denn sein Lachen, Pfeifen, Trillern und Jaulen, Heulen, Bellen, Gellen kommt nun von immer derselben Stelle, verborgen im Gebüsch: „Rlurlurlurlurluuuuuuu – – – –", so grell und schaurig, so wild und warm und leidenschaftlich, gewaltsam, beschwörend, zwingend, unausweichlich, unermüdlich –

Nichts ist mehr da als sein forderndes Geschrei – –

Bis es plötzlich abbricht und die ganze übrige Welt wieder aufklingt, zu tönen beginnt – sirrt, rieselt, säuselt – ruft, schreit, kreischt – und mit all ihren vielfältigen Geräuschen zusammengenommen wird vom Rhythmus des steten Wellenschlages.

„So ist das!" lacht Djiyin befreit und gleichzeitig beschämt

über ihre nächtliche Angst. „Er singt den Frühling. Er hat eben solch eine Stimme! So klingt seine Freude!“

Ganz froh, befreit wird sie davon.

„Er singt den Frühling. So ist das. Er singt so schön, so laut, so mächtig, so lange er kann. Er ist so.

Ich bin auch so, wie ich bin. Djiyin. Ich bin nicht krank. Ich habe nur Angst gehabt. Aber jetzt weiß ich es. Ich bin hier allein auf der Insel. Und kann leisten, was dabei zu tun ist. Es wird gut werden. Gut und schön. Es ist jetzt schon so sehr schön – – –“

Aus der Luft kommt der Frühling herunter auf die Insel. Die Erde ist noch kalt. Gerade daß der Schnee auf den Sonnenseiten geschmolzen ist, in versteckten Schattenwinkeln liegt noch der Harsch. Und das Schmelzwasser steht in hellen, klaren Pfützen in jeder Vertiefung. Die Erde darunter ist noch fest gefroren, saugt noch nicht auf, läßt das Wasser noch nicht einsickern.

Aber es weht schon ein grüner Hauch um das Buschwerk – woher er kommt, weiß man nicht, Knospen sind noch nicht zu sehen, nicht ein kleinwinziges bißchen. Aber wenn man am Strandgras die zerzausten, verwehten, zerknitterten Büschel auseinanderbiegt, findet man ganz unten, dicht am Herzen des Busches, da und dort schon ein winziges junges Spitzchen. Es ist haardünn, nadelspitz und rötlich – keineswegs schon grün – aber es bringt – es *ist* der Frühling. Der Kauz hat es gesagt. Er weiß es. Er fühlt es im Blut.

Auch Djiyin fühlt es. Es macht ihr den Atem groß und zieht ihren Blick in die Ferne. Hinaus in die Tiefen des Luftraumes, der plötzlich voller Vögel ist. Blendendweiß, blitzend und schwirrend, dicht wie ein Schneegestöber, läßt es sich mit angezogenen Flügeln fallen in steilem Sturz, steigt auf, segelt auf dem Wind, kreist, jagt sich, läßt voneinander ab und jagt anderem, Neuem nach – und schreit!

Die ganze Luft ist voller Geschrei, nur das ständige starke Schlagen der Brandung klingt noch bisweilen hindurch.

Auch der Strandstreifen ist voll laufender, pickender, spielender Vögel. Woher sind die alle so plötzlich gekommen? Aus der blauen Luft – aus der seltsamen Verhaltenheit der Welt – aus dem Frühling!

Sie sind da. Sie füllen alles aus. Sie fliegen und rufen, jagen, vertragen sich, leben so intensiv, so ausschließlich, als hätten Insel und Meer, der weite Luftraum, der Wind und der Strand, als hätte auch Djiyin nur auf sie gewartet. Und jetzt waren sie da! Jetzt würde es beginnen! Das große Frühlingsfest! Das große, eigentliche Leben!

Schon ganz früh, wenn der Morgenstern aufgeht, noch im ersten, grauen Dämmerungsschimmer, ruft der Rabe. Er sitzt dann allein am Strand, ein dunkler Schatten auf dem Küstenfelsen, dicht am Rande des Wassers. Noch ist kein anderer Vogel wach, der ganze Strand gehört nur ihm allein. Und mit Recht. Es ist *sein* Strand, *seine* Insel. Er allein hat den ganzen Winter auf ihr ausgeharrt, hat sich von Mäusen und Ratten, von Muscheln und gestrandeten Fischen genährt – denn die paar Krähen, die auch noch da waren, und die wenigen Möwen, die nicht mit allen anderen zusammen hatten wegfinden können – die zählt er nicht mit. Die spritzen sowieso, schreiend, alle anderen Vögel warnend, auseinander, wo er nur auftaucht. Lästiges, lärmendes Pack sind sie ihm, unruhig, aufgeregt – nicht viel wert.

Jetzt schlafen sie noch. Jetzt ist die Insel, die Luft, jetzt ist die leere Weite und der Wellenschlag sein.

Seinen ersten Morgenhunger hat er gestillt: Ihm *gebührt* die erste Auswahl aus der Meeresbeute! Und jetzt ruft er: „Ruck! Ruck!“ Ein runder, deutlicher Ruf. Sie muß es über die ganze Insel hin hören, wo sie sich auch zur Nacht versteckt haben mag: „Kulong, klong, klong, ruck, rack, rack, kulong, klong, ruck, rack, rack!“

Aufmerksam äugt er und wirft sich in die Luft, als er weit hinten die Gefährtin erspäht. Hoch über der Insel kreisen sie, rufen einander, gewöhnen sich aneinander, wie es sein muß, bevor sie das Nest bauen und zusammen die Jungen erziehen.

Inzwischen hat sich das Krähenvolk am Strand breitgemacht, quarrt und krächzt und zankt sich mit den Möwen um das Futter. Aber die Möwen sind mehr, viel viel mehr, und sie halten zusammen. Die Krähen werden von ihnen auf einzelne Stellen zusammengedrängt. Dort sollen sie hingehören und bleiben! Zwar ist auch dort noch genug Futter für sie – das Meer ist reich, jede Ebbe geht weit zurück und hinterläßt mehr, als die Vögel brauchen, aber die Krähen schimpfen doch noch eine ganze Weile, ehe sie sich beruhigen und nehmen, was die Übermacht ihnen zugewiesen hat.

Danach ist es eine Zeitlang verhältnismäßig friedlich am Strand, denn mit ihren Lockrufen haben sich die Krähen ins Innere der Insel zurückgezogen, mit ihren Spielen wollen sie allein, unter sich sein.

„Kru, kru, kru, kru“ und „Gulack, gulack“, rufen sie sich zärtlich, und wenn sie die Gefährtin gefunden haben, die ihnen gefällt, spreizen sie sich vor ihr, schütteln das Gefieder, sträuben die Kopfhaare, fächern den Schwanz und singen ihr zu: „Tere, ere, kerr, – arr, karr, harr, – ra, krah, harrah!“ – – – aber davon merkt man am Strand nichts mehr, und es geht ja auch keinen anderen etwas an.

Der Strand gehört jetzt den weißen, wilden Fliegern, die mit ihrem Schwung und Geschrei, ihrem Geruch und ihrem eifrigen, unbeirrten Lebenswillen den Luftraum, die Meeresoberfläche und die ganze erreichbare Welt ausfüllen und die Djiyin, dieses einzelne zweibeinige Wesen, das nicht einmal fliegen kann, überhaupt nicht beachten. Sie pickten ihr den begehrten Happen dicht unter den Füßen weg, kaum daß sie einen kleinen Hüpfer zur Seite machten, wenn Djiyin den Strand entlanglief. Sie flogen ihr so scharf an den Ohren vorbei, daß Djiyins Haare im Flugwind hochwirbelten – sie beachteten sie kaum mehr als eine Felskante, gegen die sie ja auch nicht anrammen im Flug.

Djiyin war überwältigt von dieser sie umdrängenden Fülle fremdartigen, unverstehbaren Lebens. Sie ging darin unter. Lief unter dem Flattern und Kreischen, zwischen dem zielenden Zustoßen und spielenden, schwebenden Kreisen hindurch auf ihren eigenen Wegen wie durch einen schwerstürzenden Regen – zum Angeln, zum Holzsammeln – und hurtig und vorsichtig nur zum Muschelnsammeln und Krabbenfangen am Strand – in der ersten Zeit fast mit dem Gefühl, als nähme sie den Vögeln weg, was ihnen allein zustände.

Bei sich nannte sie das ihr unübersichtliche Gekreisch und Geflatter in Bausch und Bogen „Möwen". Erst nach einiger Zeit, nachdem das Kind und die Vögel sich aneinander gewöhnt hatten, fing Djiyin an, die einzelnen Arten auseinanderzukennen.

Der Regenpfeifer hatte das verursacht, und das kam so:

Quer über den Strand von der Düne her, hurtig wie eine Maus, war er eines Morgens auf Djiyin zugelaufen auf seinen dünnen, schwirrenden Beinchen. War plötzlich vor ihr stehengeblieben, hatte mit seinem großen, seelenvollen Auge zutraulich an ihr hochgeblickt und mit seinem kleinen, klangvollen Stimmchen „Tui, tui, tui?" gefragt.

Djiyins Herz blühte auf: Das war Nusuis Pfiff gewesen, so hatte er nach ihr gerufen, als sie klein war. So klein war sie damals, dünkte es sie, wie jetzt das Vögelchen vor ihr. Und auch so zutraulich, schien es ihr, so unerfahren und neugierig, ein vertrauendes, spielfreudiges Herz mit einem kleinen, springlebendigen Körperchen drum herum.

„Tui", sagt sie, so leise, so zart sie kann, und hockt sich zu ihm hin.

Und „Tui?" fragt der Vogel zurück, erstaunt und unerschrokken aus dem goldgelben Ring heraus strahlend, der sein Auge so menschlich sprechend erscheinen läßt.

„Tui?" fragt er noch einmal, und dann, in heller Aufregung: „Tui, tui, tui, tui, tui, tui, tui", ganz schnell hintereinander, pausenlos. Wie ein langsamer Triller, wie ein endloses Lied klingt es. Djiyin hockt bewegungslos. Sieht in das kleine Vogelauge. Sieht nicht die winzige Vogelgestalt vor sich, die graugemusterten Federchen, das ein wenig schief gehaltene Köpfchen, das kleine, unerreichbar fremde Wesen – sie sieht ihm ins *Auge*, fühlt sich *angesprochen*, ihr gilt der schöne Vogelblick, ihr singt die klangreiche, zärtliche, erregte Stimme, pausenlos, eifrig, eindringlich: „Tui – so klein bin ich – so warm – so lebendig in der Welt – so voll Liebe – so weit bin ich geflogen – so groß ist die Welt – so voll blauer, himmelhoher Luft – und Wind – und Licht – Sonnenlicht und Sternenlicht – kennst du das? –

Und die Insel – immer komme ich wieder – hierher auf die Insel – aus der großen, weiten Welt immer genau hierher auf *diese* Insel. Hier bin ich zu Hause – hier brüte ich. – Eier habe ich in mir – die werden lebendig in meiner Wärme – junge Vögel – die wissen zuerst noch gar nichts. Alles muß ich ihnen erst zeigen. Und dann fliegen wir – dann zeige ich ihnen die ganze, ganze weite Welt – – –"

Kein Wort davon spricht der Vogel. Djiyin versteht ihn unmittelbarer, als Worte es sagen könnten.

„Tui – – das bin ich–

Tui, tui, tui – ich bin die ganze Welt – – –

Tui, tui, tui."

Plötzlich schnurrt er davon auf seinen dünnen Beinchen, so schnell, daß Djiyin diese Beinchen nicht einzeln erkennen kann. Hält abrupt an, sammelt ein Steinchen auf, wirft es über den Kopf weg hinter sich – noch eins – und dann schnurrt er weiter, pfeift und trillert mit seinem zarten, schwirrenden Stimmchen: „Das bin ich. Ich bin die ganze weite Welt. Und ich werde jetzt brüten. Bald – – –"

Sein plötzlicher Flug ist niedrig, pfeilschnell und schwirrend, wie sein Lauf. –

Weg ist er. –

Regenpfeifer – „Kleines Schwesterchen", sagte Nusui nie. Er pfiff „Tui, tui!" nach ihr. Damals. Als sie klein und noch ganz unerfahren war.

Jedesmal wenn sie den Strand entlanglief, sah Djiyin jetzt nach dem Regenpfeifer aus, und sie erkannte ihn auch oft. Aber er kam nicht mehr zu ihr. Er war sehr beschäftigt. Auf einer kahlen, gleichmäßigen Sandstelle, wo kein einziges Hälmchen

Strandgras wuchs, trug er sich Muschelgeröll und Steinchen zusammen.

Sie waren jetzt zu zweit und trillerten zusammen, während sie die Muscheln sammelten, auf einer Stelle hin und her legten, fortwarfen und andere holten, alles auseinanderwarfen und dicht daneben wieder aufbauten – sie hatten so angelegentlich zu tun, daß sie auch nicht auf Djiyins behutsames „Tui, tui!“ hin abkommen konnten. Sie drehten nur einen Augenblick lang den Kopf nach ihr hin und arbeiteten weiter.

Eines Tages lagen drei kleine, graugesprenkelte Eierchen da. So klein waren sie, und dazu kugelrund, daß der Wind sie über die glatte, kahle Strandfläche weggerollt hätte, wenn sie nicht sorglich die kleine Nestmulde mit Steinchen ausgepflastert und das Gelege zuverlässig darin eingebaut und fest verankert hätten.

Als Djiyin dieses Mal vorbeikam und rief, schwirrte der kleine Vogel ihr entgegen, stellte sich mit flötendem Pfiff dicht vor sie hin und humpelte dann mit hängenden Flügeln, immer weiter flötend, vor ihr davon. Er klagte jämmerlich, er weinte deutlich, so weh tat ihm das Bein! – Und der Flügel auch! Der schleppte so elend nach im Sande, und das ganze Vögelchen schlich sich so jammervoll weinend und bittend ganz woandershin, in eine andere Richtung, weitab vom Nestchen. Es sah dabei immer wieder Djiyin mit großen Augen bittend an, lockte sie, es doch zu fangen – da es ja so fürchterlich krank und wehrlos sei und so sehr leicht zu haschen sein würde – lockte sie immer weiter vom Nest fort.

Djiyin blieb ganz still stehen: Was sollte sie sagen? Der kleine Vogel war unerreichbar in seiner Angst und seinem verzweifelten Bemühen, das Nest zu schützen. Nichts konnte sie tun. Nur stehenbleiben und ihm nachsehen.

Aber dann rief ihn das brütende Weibchen zurück. Sie hatte es begriffen und trillerte auf ihn ein, überzeugte ihn von Djiyins Ungefährlichkeit und Freundschaft. Zufrieden, ohne sich noch einmal nach Djiyin umzusehen, schwirrte er wieder zum Nest und machte sich unverzüglich daran, weitere Steinchen zu sammeln.

Nun lernte Djiyin auch, die verschiedenen Möwenarten auseinanderzuhalten.

Es gab die „richtigen Möwen", die sich am Strand mit den Krähen in den Meeresauswurf teilten. Die Djiyin die Muscheln, die sie sich zur Suppe sammelte, unter den Fingern wegstibitzten. Mit scharfem, gierigem Stoß anfliegend, vor dem das Mädchen unwillkürlich zurückwich, rissen sie mit raffendem Schnabelhieb die Beute an sich.

Sie *waren* stark. Sie segelten auf jedem Wind und behaupteten sich gegen jeden Sturm. Sie sahen kühn und schön aus im Flug und Anflug, in ihren Flugspielen und auch, wenn sie die Füße auf die Wellenkämme setzten und dort ruhend schaukelten, als ständen sie auf festem Grund. Aber ihr Schreien war zänkisch-scharf, ohne jedes Erbarmen, selbst ohne Freude. In der Nähe des Felsenkliffs, wo sie ihre Nester hatten, wagte Djiyin sich erst sehr viel später, nachdem sie sich langsam an die angreiferische Art dieser Vögel gewöhnt hatte.

Unter und zwischen ihnen hindurch flitzten die Seeschwalben, diese Wunder an Ebenmaß und anmutiger Schönheit. Nur in den ersten Tagen hatte Djiyin sie nicht unterschieden in der weiß blitzenden, jagenden, schreienden Vogelwolke.

Bald erkannte sie sie schon auf den ersten Blick. Nicht einmal so sehr an dem Schnitt der langen, schmalen, spitzigen Flügel, an der anmutigen Beweglichkeit, mit der der tiefgegabelte Schwanz die Mannigfaltigkeit ihrer Flugwendungen steuerte, sondern an ihrer Freundlichkeit, Verträglichkeit, an der Leichtigkeit und Freude, der Anmut und Heiterkeit und der spielerischen Kühnheit ihres Fluges. Sie verschmähten es, wie die Möwen auf dem Tangstreifen am Strand zu hocken und in dem zu picken, was das Meer als Abfall herauswarf. Aufmerksam schwebten sie in niedrigem Flug dicht über die Wasseroberfläche dahin, auf und ab im Spiel mit den Wellen, und wählten sich selber ihre Nahrung aus dem Meer. Blitzschnell tauchend, stießen sie auf die Beute hinab, hoben sie heraus, hoch in die Luft, und schluckten sie so, sauber und lebend, im Fluge. Sie hatten sich auf der Landzunge angesiedelt, die wie ein Haken weit ins Meer hineinging, und dort würden sie auch brüten. Noch bevor sie ihre flachen kleinen Nestmulden in den Sand gedrückt und ein wenig mit Grashalmen und Würzelchen gepolstert hatten, duldeten sie nicht, daß ein anderer Vogel oder ein Tier, und schon gar nicht, daß Djiyin dort auch nur in die Nähe kam. Die ganze Kolonie – Hunderte und aber Hunderte von wütenden, streitbaren Vögeln, stürzte sich schon von weitem auf jeden Eindringling, umringte ihn mit warnendem Kreischen, hackte mit den Schnäbeln auf ihn ein, schlug ihm die langen Flügel peitschend um den Kopf, und wenn er nicht sofort das Weite suchte, flogen sie alle miteinander auf und bespritzten ihn mit ihrem flüssigen, ätzenden Kot. Das aber erträgt kein Vogel und kein Tier, die ihr Fell oder ihr Federkleid blitzsauber halten und jeden freien Augenblick benutzen, es zu reinigen und glattzulegen. Auch Djiyin machte, daß sie davonkam, als die Schwalben, einig und geschlossen wie ein streitbares Heer, laute und schrille Warnschreie herauskreischend, auf sie zuschossen. Es war eindeutig verständlich: Sie wollten nicht gestört, nicht einmal beobachtet werden, und sie wußten sich zu wehren und waren imstande, sich gegen jeden Eindringling durchzusetzen, wer es auch sein mochte.

Es würde nichts werden mit einem Vogeleiergericht, wie es Djiyin vorgeschwebt hatte, als sie zum ersten Mal von der Kliffspitze aus die Landzunge begutachtete. Aber sie wäre die letzte gewesen, die solchen berechtigten Willen nicht respektiert hätte. Ihre Bewunderung und Freude wurde nicht geringer dadurch, daß sie jetzt an sich selber erfuhr, wie einig und unbeirrt die schnittigen Flieger ihren Nistplatz verteidigten.

Sie wagte von nun an nur noch aus der Entfernung zuzusehen, wenn morgens das gemeinsam auffliegende Vogelgestöber sich hinauswarf in den Raum und dann langsam und mühelos in einschmiegsamem Wellenflug dicht hinter der Brandung über das Wasser hinsegelte, den spitzen Kopf mit dem langen Schnabel aufmerksam gesenkt. Plötzlich fing dann wohl eine ihren Flug ab, rüttelte über einer Stelle, reckte sich, zog sich zusammen, schnellte kopfüber ins Wasser und tauchte nach wenigen Augenblicken wieder auf, einen fingerlangen, silbernen Spierling im Schnabel. Sie schüttelte das Wasser aus dem

Gefieder, flog zum Strand und verzehrte dort ihre Beute. Wenn sie auf dem Sand hockte, sah sie immer unerwartet viel kleiner aus, die roten Beinchen trippelten die wenigen Schritte nur ungeschickt. Aber sie blieb auch nicht lange auf der Erde, jedesmal flog sie gleich wieder auf zu neuer Jagd, denn der eine kleine Spierling war viel zuwenig für den Morgenhunger.

Die Insel ist voller Vögel, aber nur der kleine Regenpfeifer denkt schon ans Brüten. Die anderen paaren sich erst, prüfen die Jagd, das Gelände, gewöhnen sich an die Nachbarn, mit denen sie den Sommer über zusammen leben werden. Die Luft ist voll blitzender Unruhe, die Erde drängt, die Sonne steht – wenn sie scheint – jedesmal schon wieder höher.

Aber sehr oft kommt sie noch nicht durch mit ihrem Strahlen und Wärmen. Immer wieder wölkt von Osten her, aus der Landmasse des großen Erdteils, dunstige Winterkälte über die Insel hin, steht in diesigen Nächten über dem Boden und weicht erst spät, am hohen Vormittag, dem schon fast in Mittagshöhe stehenden Licht. Und auch die Regen, die auf dem Westwind heranfliegen, sind noch kalt, abgekühlt über der Küstenströmung, die aus dem Beringmeer und von den Aleuten herkommt. Aus welcher Richtung der Wind auch wehen mag, in dieser Vorfrühlingszeit bringt er der kleinen Insel nur Wolken, Regen, kalten Dunst, bringt dunkle, nasse Tage, die besonders schwer zu ertragen sind, wenn die Sonne hinter den lastenden Wolken schon hoch steht und die Erde drängt, keimen und grünen will.

Tage, in denen die Vögel unschlüssig umherfliegen, unzufrieden sind mit jedem Platz, der sich – also doch wieder! – nicht zum Nisten eignet, reizbar und ungeduldig werden und sich bei jeder Gelegenheit zanken. Besonders die Krähen, diese wilden, angriffslustigen und hartnäckigen Vögel, denen es nicht genug ist, wenn sie den, der sie gerade geärgert hat, bloß wegjagen, sondern die sich zusammenrotten und ihn gemeinsam treiben, so weit ihn die Flügel tragen, bis er einen Schlupfwinkel findet, wo er sich verkriecht und sich nicht wieder raustraut. Dann fliegen sie in alle Winde auseinander mit triumphierendem Gekrächz und beruhigen sich erst allmählich. Ganz still sind die Krähen ja selten im Frühling, wenn das Wetter ständig wechselt und jeder Wind, jeder neu ankommende Vogel neue Aufregung bringt.

Auch Djiyin konnte diese verhaltene Jahreszeit nur schlecht ertragen. Sie lebte auf, wenn einmal die Sonne am Himmel stand, das Wasser hell und licht war, die Brandung perlte – wenn die Luft flimmerte und blitzte, wie sie es nur im Frühling tut, und alle Vögel zufrieden waren und eifrig Federn und Halme zum Nestbau zusammentrugen. Dann freute sie sich. Dann gelang ihr alles, was sie an schweren, diesigen Tagen nicht fertigbrachte, dann sang sie mit den Vögeln um die Wette ihre Frühlingsfreude hell hinaus in die schimmernde Luft.

Endlich hatte die Sonne überall mit der Kälte aufgeräumt, und nun, zuallerletzt, strömte sie auch auf die winzige Insel mitten im Meer den Frühling herunter. Jetzt flimmerte die Luft nicht mehr leicht verhangen und nur erst verheißungsvoll. Jetzt kam fließendes, goldenes Licht, alles Trübe auflösende Wärme, in vollen Strömen aus tiefblauem Himmel: unerschöpflich, immer stärker, immer mehr. Das Herz wurde Djiyin oft zu eng, um genug davon zu erfassen. Vielleicht daß die Vögel mit weitgebreiteten Schwingen mehr davon einfangen konnten.

Über Nacht kam ein Schimmer von Grün über die Insel. Man sah noch kein einziges Blatt, nicht das winzigste grüne Hälmchen, aber ein grüner Schleier war über alles gebreitet, und der Wind ging frisch und fröhlich, bevor die Sonne über die Kimmung hochglitt und eine Straße flüssigen, tanzenden Glisterns über die Wellen legte.

Nur wenige Tage dauerte es, bis die Knospen aufbrachen, bis die ersten grünen Halme die welk raschelnden Strandhaferbüsche überwuchsen, bis die gewaltige Fläche des Bergabhanges überhellt war von Rauschbeerenblüten, bis es auf dem fruchtbaren Streifen zwischen den Dünen wild und bunt durcheinander aufleuchtete, rötlich und dunkelgrün, blauviolett, hellrosa, weißlich, purpurrot und körnig-braun: Stranddorn und Löffelkraut, Milchkraut und Salzmiere, Tausendgüldenkraut, Blauer Helm, Salzkraut ... Saftige Grasbänder liefen die Felsenritzen hinauf bis in die blauen Schatten der Schrunden – es war, als hätte das alles schon mit geborstenen Knospen bereitgestanden, um sogleich ins Krauten und Blühen zu spritzen – schnell – solange die gute Zeit dauere.

Darüber ein Schwarm krächzender Schatten: Krähen, die laut ihre Zufriedenheit mit dem Frühling herausschrien, Schwarzdrosseln, die zeternd und scheltend durch die blühenden Büsche huschten, ein letztes Dreieck rufender Gänse in der Luft – Möwen, Seeschwalben, Kormorane, Säbelschnäbler, Austernfischer, beim Morgenbad und auf der Morgenjagd in der leuchtenden Luft über dem schimmernden, glitzernden Wasser.

Schnurgerade, dunkel gegen den Himmel, jagt eine lange Vogelkette auf die Insel zu, so schnell, daß man das Schlagen ihrer kleinen Flügel nicht erkennt, die nur zu zittern scheinen, aber die Vögel in rasendschnellem Flug vorwärts reißen. Über den ganzen Himmel bis zur Kimmung scheint die Kette zu reichen. Sie halten genau auf die Insel zu. In einiger Entfernung geht der erste Vogel zu Wasser, der zweite fliegt über ihn hinweg und setzt sich genau vor ihn hin, der dritte vor den zweiten, der vierte vor den dritten, der fünfte vor den vierten, und so immer weiter, bis sie auch im Wasser, auf die Insel zuschwimmend, wieder eine schnurgerade Kette bilden.

Tordalke sind es. Die letzten, die sich auf irgendeine Weise vor dem Sturm retten konnten, der damals ihre Gefährten vernichtet und aufs Land geworfen hatte, und die nun doch wieder auf die Heimatinsel zurückkommen, um zu brüten. Sie steigen ungeschickt an Land – ihre Füße sind nicht zum Laufen geformt, sondern zum Schwimmen und dazu, mit einem kräftigen Schwimmstoß den Vogel ins Meer tauchen zu lassen, wo er aus beträchtlicher Tiefe seinen Fisch zur Nahrung herholt und ihn mitsamt seiner Beute wieder an die Oberfläche bringt. Wenn sie nicht am Futter sind, sitzen die Alke, auf

ihren kurzen Schwanz gestützt, in langer, regelmäßiger Reihe auf den Klippen, dicht an der Kante, und schauen aufs weite Meer zurück, wo sie den größten Teil ihres Lebens zubringen: jagen, tauchen, von den Wellen gewiegt unter den Sternen schlafen. Denn nur um zu brüten gehen sie an Land.

Sie wählen dazu die höchste Stelle auf der Insel, die Felsenplatte. Erst weit unter ihnen, auf den Bändern und Galerien des Kliffs, nach der Seeseite zu, nisten die Möwen und Lunde und alle die anderen Sturmvogelarten, und noch tiefer darunter, so daß sie späterhin mit ihren flügge gewordenen Kleinen vom Nest direkt ins Meer gehen können, teilen sich Kormorane, Grill-Lumen und Eiderenten in den vorhandenen Platz. Diese legen ihre Nester so niedrig wie möglich auf den untersten Bändern des Kliffs an, nur gerade so hoch, daß sie ihnen bei schwerer Brandung von den hochgehenden Wellenspritzern nicht ins Meer gespült werden.

Und was tut Djiyin allein auf der Insel unter all den Vögeln und ihrem Frühlingsüberschwang? Sie macht im Grunde genau dasselbe wie die Vögel auch: Sie hält Kleid und Wohnung und sich selbst in Ordnung, und sie sorgt für ihre Nahrung. Nach dem morgendlichen Aufräumen und dem Bad im Meer läuft sie mit der Angel den Strand entlang zu dem Felsbrocken am Kliff, der am weitesten ins Meer hinaus liegt, wo das Wasser schon tiefer wird. Denn dort steht in ganzen Wolken die vor kurzem erst geschlüpfte Fischbrut: winzige Fischchen, die sich noch kaum bewegen und sich dicht beieinander halten. Von ihnen nähren sich die Jungfische: Heilbutt, Dorsch, Kohlfisch, Steinbutt, Hornfisch, Kabeljau – die noch nicht gewitzigt genug sind und leicht an die Angel gehen. Keiner hat Djiyin noch die bei den Menschen üblichen Namen für alle diese Fische gesagt. Aber wie die Möwe für jeden Fisch einen besonderen Ruf hat, hat bei Djiyin jede Fischart ihren eigenen, ihr bezeichnend erscheinenden Namen und eine besondere Zubereitungsart, so, wie sie ihr am besten schmeckt.

Der Weg führt an der kahlen Stelle vorbei, wo die Regenpfeiferchen ihre Nester in den blanken, salzigen Sand gedrückt haben. Eine kleine Gesellschaft hat sich inzwischen dort zusammengefunden, ihre Mulden liegen weitab voneinander, gerade noch in Rufweite, und mittlerweile kennen sie Djiyin alle, laufen ihr nicht mehr bettelnd entgegen und suchen sie mit List und Verstellung vom Nest fortzulocken, sie antworten jetzt nur noch auf ihren Morgengruß: ein kleines, zutrauliches „Tuitlillit-tillit-tillit" auf Djiyins fröhliches „Tuit!" – das jedesmal doch wieder lauter herauskommt, als das Menschenkind beabsichtigt. Aber die brütenden Weibchen erschreckt der Ruf nicht mehr. Sie kennen Djiyin, wissen, wie es gemeint ist. Sie drehen ihre Köpfchen zu ihr hin, sehen ihr nach und trillern weiter „Tuittillitillitillitillitillit". Und die Männchen, die auf der Jagd dicht über den Wellen hin und her flitzen, schwirren zurück an den Strand, ein fingerlanges Silberfischlein im Schnabel oder auch ohne Beute, schnurren mit ihren dünnen Beinchen über den Sand an Djiyin vorbei geraden Weges an ihr Nest und beginnen ein großes, schwirrendes Schwatzen mit der Gefährtin, lösen sie ab bei der Brut, drehen vorher die Eierchen erst mit dem Schnabel und dann noch mit den Füßchen herum, setzen sich drauf, plustern sich auf, sehen nach rechts und nach links und fangen ganz plötzlich an zu schlafen, während das Weibchen hungrig und eifrig aufs Wasser schwirrt.

Bisweilen, wenn es schon später ist und die Sonne hoch steht, so daß die Eierchen nicht gleich auskühlen, lassen sie die Gelege auch allein. Sie bleiben dann in der Nähe, überm Wasser oder am Strand, fischen und spielen mit kleinen Steinen, behalten aber immer das Nest im Auge. Wenn Djiyin dann kommt, antworten sie nicht auf ihren Morgengruß, sondern ducken sich, machen sich unscheinbar, und erst wenn sie vorüber ist, schwirren sie hoch, fliegen zum Nest und beginnen endlos trillernd zu schwatzen.

Aus den Tzetwurzeln sind hohe weiße Schirmblüten aufgeschossen, zwischen Trollblumen, Wiesenschaumkraut, Enzian und den kleinen, dunkelroten Orchideen, die wir Knabenkraut nennen. Und hier, wo der Wind von den Dünen abgeschirmt wird und hoch drüberweg geht, duftet es auch. Ganz stark, fast betäubend – so empfindet es Djiyin, die an Salzluft gewöhnt ist.

Hier, von der Mulde aus, sieht sie hoch über dem Klippengipfel kleine dunkle Vögel Kreise fliegen, hinabflattern und wieder aufsteigen und weiterkreisen. Das sind die Alke, weiß sie und bekommt Lust, den blütenbedeckten Abhang hinaufzusteigen und zu sehen, wie sie sich dort oben eingerichtet haben. Aber heute ist sie zu müde, zu frühlingslässig. Genau wie die Vögel hockt sie sich in die Sonne, läßt sich durchwärmen, läßt alle Schwere, alle Vorfrühlingstraurigkeit herausbraten aus der Haut, breitet sich selber unter der Sonne aus wie die Blumen, läßt sich auffüllen mit Wärme, Licht und geruhigem, selbstverständlichem Freuen.

Später dann, in der weichen, warmen Luft des unmerklich herankommenden Abends – es ist noch Rot in der Luft vom Sonnenuntergang her –, steht unversehens der Abendstern im immer noch hellen Himmel hoch über der Welt, in der zwischen Tag und Nacht alle Tiere den Atem anhalten und einen einzigen Augenblick so still sind, daß das Rauschen der Luft, das Knistern des schwindenden Lichtes wahrnehmbar wird. In diesem Augenblick ruft der Waldkauz ein letztes Mal herüber. Seinen scheußlichen Frühlingsruf: „Kiu-witt, kiu-witt, huuu, huhuuu, huihuhuhuuuu“, trillert: „Rurlurlurrrru“, bellt, heult, lacht, jauchzt, schreit, daß Djiyin eine Gänsehaut nach der anderen über den Rücken läuft, obgleich sie an sein freundliches Altmannesgesicht, an sein gutmütig-ungeschicktes Dahocken denkt, lachen muß und weiß: Er singt den Frühling und lauter heiße, leidenschaftliche Liebe, und er hat dazu eben solch eine Stimme und keine andere. Noch während sie sich auf dem Lager zurechtlegt, hört sie ihn schluchzen und schreien. Sie muß daran denken, wie sie sich – früher einmal! – eine ganze Nacht lang so entsetzlich davor gefürchtet hat, und jetzt findet sie, daß es großartig und verständlich und gar nicht schrecklich klingt, da sie den Vogel kennt und weiß, wie er aussieht und was er meint.

Schon halb schlafend, denkt sie: Eigentlich ist solch ein alter

Vogel wie ein erwachsener Mensch, gut ist er und streng und erfahren. Ohne Angst, im Einklang mit der Welt, mit ihren Vögeln und Winden schläft sie auf dieser winzigen Insel, die wie ein Span auf dem Meer liegt, auf der Erde, diesem schönen, winzig kleinen Stern im Sternenraum. Angstlos tief, gesund und lange.

Anderntags geht sie die Alke besuchen, das hat sie sich schon lange vorgenommen. Jeden Morgen, wenn sie aus der Türe tritt, kreisen sie dort oben gegen den hellen Himmel, fallen und steigen und kreisen wieder, und sie will nun sehen, was es mit diesem sonderbaren Fliegespiel auf sich hat. Denn alle anderen Vögel sind draußen überm Meer auf der Morgenjagd und hätten keine Zeit für so etwas.

So klettert sie von der Wiesenmulde aus den ansteigenden Hang hinauf, zwischen Grasflecken und blühendem Beerengesträuch. Wenn die Beeren reif sind, fällt ihr ein, kommen die Frauen von Klinkwan herüber und ernten sie ab, und sie denkt schnell weg von diesem Einfall, sie mag sich nicht klar darüber werden, ob sie sich wieder vor ihnen verstecken oder ob sie mit ihnen zurückfahren wird.

Der Klippenfelsenberg endet oben mit einer geräumigen, ebenen, fast runden Fläche, die jetzt spärlich mit Gras bewachsen ist. Zwischen den Büscheln sieht der blanke Fels heraus, und dort haben sich die Alke eingerichtet. Dicht bei dicht stehen sie, so viele nur Platz haben. Es sind Hunderte und aber Hunderte, wie ein Moospolster sehen ihre runden Köpfe von weitem aus. Bis auf die steil abfallende Klippenkante hinaus stehen sie, auch noch auf den Simsen der Kuppe dicht darunter. Sie schreien längst nicht so viel wie alle anderen Vögel, sie verharren ziemlich reglos und sehen in die Luft über das Meer hinaus, alle in derselben Richtung – nur einzelne fliegen immer wieder auf und kreisen über dem Felsen. Einige öffnen die kleinen, schmalen Flügel und stürzen sich flatternden Fluges hinunter aufs Meer – die meisten aber stehen nur so da, als warteten sie auf etwas. Und das Mädchen ist dieser ungezählten Menge gegenüber wie ein Staubkorn, wie nicht vorhanden.

Sie macht sich auch schleunigst davon. Denn obgleich die Alke nur erst kurze Zeit da sind, ist der Felsen so entsetzlich beschmutzt von ihren Ausscheidungen, daß sie sich nicht getraut, auch nur einen einzigen Schritt weiter zu gehen. Und obgleich dort in der Höhe der frische, reine Seewind kräftig weht, stinkt es so atemberaubend, daß sie keinen Augenblick länger dableiben kann.

Sie springt fast den Abhang hinunter und kommt erst wieder zu sich, als sie nach einer Weile haltmachen muß, um Atem zu schöpfen. Wie mag das erst werden, wenn sie Junge haben und auch noch deren Gewölle und Futterreste dazwischen liegen! stellt sie sich schaudernd und belustigt vor.

Aber man gewöhnt sich wohl an alles. An die Alke gewöhnte sich Djiyin auf dem Umweg über die Papageientaucher.

Das kam so: Die Tordalke blieben keineswegs immer oben auf dem Plateau des Klippfelsens sitzen, wie Djiyin sie an dem Morgen angetroffen hatte. Im Gegenteil: Nachdem sie sich wieder an das Land gewöhnt hatten, bestimmten sie mit ihrer Überzahl so durchaus das Ansehen der Insel, daß die Möwen und Seeschwalben und alle die anderen schneeweißen Meeresvögel nur noch wie ein Hintergrund wirkten, der die Eigentümlichkeit der Alke nur desto mehr hervorhob.

Die Alke stiegen und kreisten nicht mehr über dem Felsen. Das war ihr Werbespiel gewesen, damit waren sie nun fertig. Jetzt stürzten sie sich frühmorgens schon gleich im Sturzflug herunter ins Meer und fischten. Sie konnten noch besser schwimmen als fliegen und tauchten bis in eine Tiefe, die kein anderer Vogel erreichte. Unermüdlich kamen sie immer wieder mit jungen Heringen, Stichlingen, Sandaalen, Sprotten herauf, kröpften sie, schöpften sich die Lungen voll frische Luft und tauchten wieder, bis sie so vollgefressen waren, daß sie sich kaum noch bewegen konnten.

Dann setzten sie sich auf die niedrigen Klippen und Steine, die unten am Strand und im flachen Wasser lagen, und verdauten, wieder einer dicht neben dem anderen in langer Reihe. Gegen Mittag war der ganze Strand mit einer regelmäßig gegliederten Kette von ausruhenden Tordalken umsäumt, die still in der Sonne saßen, alle in gleicher Richtung über das Wasser sahen und zusehends dicker und fetter wurden.

Doch mitten in dieser Reihe, ganz als ob er dazugehörte, saß hier und dort ein anderer Vogel – etwas kleiner als die Alke, aber ebenso still und angelegentlich aufs Meer hinaussehend wie sie. Auch er hatte einen schwarzen Rücken und eine weiße Brust, aber gegen die massigen Alke sah er zierlich aus und blank, wie frisch geputzt. Seine siegellackroten Füßchen stellte er eifrig, wie sprungbereit auf, und auch das hellgraue Gesichtchen über dem feingezeichneten schwarzen Halsband sah beflissen, erwartungsvoll über die Wellen hin – ganz anders als die verdauungsträgen, schläfrigen Alke. Mit leisem, gefälligem Stimmchen schnurrte er sein „Or-or, Or-or“ so aufmerksam und freundlich vor sich hin, daß er Djiyin sofort gefiel. Sie hatte ihn bis dahin noch nie gesehen, wußte auch nicht, wann und wie er angekommen sei. Er aber tat ganz so, als ob er auf die Insel gehöre und schon immer dagewesen wäre.

Bald danach entdeckte sie auch seine Höhle in den Dünen – sie hatte sie bis dahin für den Ausgang einer Kaninchenröhre gehalten und war im Bogen darum herumgelaufen, denn sie roch sehr unappetitlich, und jedesmal, wenn sie vorbeikam, schwirrte eine Wolke von blauschillernden Aasfliegen daraus hervor. Und aus diesem unappetitlichen Loch kam solch ein buntes, sauberes Vögelchen, stand aufrecht, wie erstaunt davor, schnurrte leise sein „Orr-orr, Orr-orr“ – hängte noch einen süßen, kleinen Flötenton daran, ließ ihn in einem wie erstaunten „Ha?“ enden, drehte sich um und watschelte auf seinen hellroten Schwimmfüßen wieder hinein in die Höhle, als hätte es noch etwas vergessen. In seiner zierlichen Sauberkeit blieb es völlig unberührt von den Fliegen, die die Wände des Ausganges gleichsam austapezierten. Er macht sich gar nichts daraus, wunderte sich Djiyin, wahrscheinlich ekeln sich Vögel vor anderem als die Menschen. Sie leben den ganzen Tag im Wasser, und wenn sie verdaut haben, putzen sie sich endlos lange. Jedes Federchen plustern sie auf, damit die Sonne von allen Seiten herankann, und dann legen sie es sorgfältig zurecht und fetten es ein, bis sie vor Sauberkeit glänzen.

Nachdenklich sah sie am Abend ihren Kamm an und schämte sich. So sorgfältig wie die Vögel – vor deren Schmutz sie ja doch die Flucht ergriffen hatte – hatte sie sich bisher nicht gepflegt. Keine Mutter hatte ihr das nahegelegt, und die fremden Frauen hatten sie nur gescholten, hatten sie als „schmutzig“ davongejagt, wo sie ihnen in den Weg gekommen war.

Als sie das nächste Mal bei den Regenpfeifern vorbeikam, schnurrte ihr der Vogel, ganz wie früher einmal, bevor er sie kannte und ihr vertraute, weinend entgegen. Wie damals ließ er den rechten Flügel hängen, humpelte auf dem linken Bein, schleppte sich jämmerlich in eine andere Richtung, weit fort vom eigenen Nest, und tat, als wollte er Djiyin verlocken, solch einen hilflosen, kranken Kerl wie ihn einfach mit der bloßen Hand zu fangen. Erschrocken blieb Djiyin stehen: Was hatte er nur? Diese Gebrechlichkeit war Täuschung – er war ihr behende genug entgegengestürzt. Aber warum schwindelt er so unglaublich, so unverschämt? Sie waren doch befreundet, wochenlang hatten sie freundschaftlich den Morgengruß gewechselt!

„Tui, tui, tillit“, sagte Djiyin schließlich. Sah über die Brutfläche hin. Dort saßen, weit verstreut, die Vögel auf ihren Nestern. Wie jeden Morgen. Alles war wie sonst. Weshalb gab der kleine Kerl so entsetzlich an?

Der war stehengeblieben. Sah sie an. „Tui“, sagte er zaghaft. Aber gleich ließ er das Flügelchen wieder hängen und jammerte weiter. Stellte sich dicht vor sie, sah mit den großen, schönen Augen zu ihr auf und bettelte: „Tui, tillillillillillit.“ Djiyin hockte sich zu ihm hin. Und jetzt, soviel näher am Boden, sah sie auch die winzig kleinen Kücken. Sie kullerten im Gelände umher, gelblich-grau, braungetupft, unscheinbar, wie der lebendig-bewegte Gräserschatten, in den sie hineingelaufen waren. Ohne den „Schwindel“ des Regenpfeifers wäre Djiyin wahrscheinlich darauf getreten.

„Tui“, sagte sie. „Tui. Tui tillillit, tui!“ Und streichelt leise, mit behutsamem Finger, das kleine Federbündelchen. „Tui“, senkt sie ihren Blick in die bettelnden Vogelaugen. „Tui?“ sagt der Vogel ganz vorsichtig – hebt das gelähmte Flügelchen an, dreht sich mit einem Ruck um und schnurrt auf seinen wieder gesund gewordenen Beinchen geraden Weges zurück zum Nest.

So geht der Frühling über die Insel. Die Wärme lastet noch nicht, sie schwebt auf Vogelschwingen. Die Wellen laufen leise, wie behutsam, auf den Strand hinauf, das Meer ist fast glatt, die Kimmung verhangen in dem beruhigenden Graublau, das auch der Himmel hat. Der Wind hebt Djiyins Haare, die Sonne trocknet die Vogelfedern, und die ganze Insel wimmelt von jungem Leben.

Von draußen her, von der Landzunge, die ins Meer hinausläuft und wo die Seeschwalben sich eingerichtet haben, kommt es den ganzen Tag über in wechselnder Stärke herüber: „Kriääh, krisch! Itzi! Itzi, itziitzi ir ir, iiiirr! – Griiiiik, griiiiik, kriääh, kriiiääh, kriäääääh!"

Laut und vernehmlich klingt es herüber in der weittragenden Luft, herb, wild, schrill zum Erschrecken. Die Seeschwalben, zusammengeballt zu einer mächtigen, schwirrenden Einheit, beschützen ihre Jungen gemeinsam gegen jede anfliegende Möwe, vor jedem Raubvogel, der von weit her räubern kommen will, vor jedem sich anschleichenden Tier. Immer wieder schwillt das Abwehrgeschrei an wie Sturmstöße und ebbt wieder ab, aber ganz still wird es nie. Wird es erst werden, wenn die Jungen so groß sind, daß sie jagen und fischen und sich selber helfen können.

Die jungen Möwen sitzen zwischen den alten am Strand, lernen fliegen, sich in den Wind werfen, fischen – lernen, was eßbar ist und was man lieber liegenlassen soll – lernen das Möwenleben mit all seinen Anforderungen und Künsten. Sie sind dunkel, plump und noch ungeschickt, haben große braune Flecken im Gefieder, kurze Flügel und Schwanzspieße und dumme, unfertige Stimmen. „Sriii" ist alles, was sie sagen können, und sie verstecken sich hastig hinter Tang und Gras, statt davonzufliegen, wenn ihnen etwas nicht geheuer ist. Jetzt zeigen sich die schneeweißen erwachsenen Möwen erst in ihrer

ganzen Kunst und Kraft! Aber die Jungen begreifen nur erst wenig davon. Sie wirken wie eine ganz andere und recht armselige Sorte von Vögeln. Und sie wachsen langsam. Erst in drei Jahren werden sie die volle, erwachsene Möwenschönheit erreicht haben.

Überall haben die alten Vögel ihre Jungen ans Wasser geführt, beschützen sie vor Gefahren, zeigen ihnen, wie man fischt und wie man sonst noch zu leben hat. Alle hatten sie ihre Nester so angelegt, daß die Jungen mit ihren noch ungeschickten Flügeln bequem ans Wasser kommen konnten.

Aber die Alke – wie machen es die Alke mit ihren Kleinen? Sie können doch unmöglich dort oben auf der begrenzten Platte abwarten, bis sie zu dem steilen Sturz groß und kräftig genug geworden sind? Dazu reicht der Platz nicht aus! Und das Futter, das die Alten herbeischleppen können, erst recht nicht!

Zwischen Neugierde und ehrlicher Sorge beschließt Djiyin eines Morgens, noch einmal den Berg hinaufzusteigen – obgleich es jetzt dort oben sicherlich noch viel fürchterlicher riechen wird! – und sich danach umzusehen.

Aber plötzlich kommt solch ein seltsames, noch nie gehörtes glucksendes Brausen von der Felswand herüber, daß sie zunächst dorthin läuft: Was geht da vor? Hoch oben aus der Wand, aus allen Löchern und Klüften und steil von der obersten Kante, stürzen sich die Alke scharenweise mit ausgebreiteten Flügelchen herab. Geschickt bremsen sie den Sturzflug, so daß sie zum Schluß ganz gemächlich ins Wasser tauchen. Immer wieder fliegen sie hinauf und stürzen sich von neuem herunter – wer weiß, wie oft jeder einzelne das tut? Immer wieder oder nur einmal? Es ist nicht auszumachen, denn es sind so unabsehbar viele, und sie sehen alle egal aus. Wozu machen sie das? Was soll das bloß? Es ist völlig unverständlich und dauert endlos lange.

Aber da – jetzt sieht man es! Das bisher waren nur Probestürze! Denn jetzt kommt die erste Alkmutter mit ihrem Jungen auf dem Rücken! Das Junge klammert sich fest wie ein Reiterchen, und die Alkmutter breitet die Flügel aus, stürzt sich herunter, landet im Wasser, und als sie taucht, strampelt sich das Junge von ihrem Rücken herunter und bleibt schwimmend auf der Oberfläche zurück! Dort kommt die zweite – und dort – und dort – und dort – Plötzlich ist das Meer zwischen den Klippen bedeckt mit den kleinen runden, schwarzen Vogelköpfchen und dem, was als kleinwinziges Tierchen noch darunter ist. Sie schwimmen so sicher und vergnügt, als hätten sie das schon immer getan, und die Mütter führen sie langsam immer weiter hinaus.

Aber dort! Dort weht der Luftzug ein kleines Reiterchen herunter von seinem Sitz. Kopfunter stürzt es tiefer. Die Mutter wirft sich blitzschnell herum und saust mit schwirrenden Flügeln immer wieder unter das fallende Junge, hält seinen Sturz auf und versucht, es mit dem wirbelnden Luftzug ihrer kleinen Flügel hinaus aufs Meer zu leiten. Andere sehen das, eilen sofort zu Hilfe, auch sie fliegen unter dem Fallenden hin und her, stützen es, führen es so Strecke um Strecke weiter, retten es bis zur Bucht hinunter, wo es auf das Wasser aufsetzt, sich besinnt und dann mit den anderen hinausschwimmt.

Immer wieder, immer öfter stürzt jetzt eins ab. Die Mütter haben offenbar die Schwächeren bis zuletzt im Nest gelassen. Noch viele werden auf diese sonderbare, wunderbare Weise gerettet, aber auch viele verunglücken dabei und zerschellen auf den Klippen.

Die anderen schwimmen immer weiter hinaus, man sieht sie kaum noch und schließlich gar nicht mehr. Sie kommen nicht wieder. Sie sind auf dem Meer zu Hause. Dort leben sie, lernen sie fischen, tauchen, auch fliegen und was noch zum Alkeleben dazugehört, und nachts stecken sie die Köpfe unter die kleinen Flügel und schlafen unter den Sternen und Winden, gewiegt von den Wellen. Sie waren ja nur zum Brüten auf die Insel gekommen.

Der Hornklee fing an zu blühen, auch Skabiosen, Katzenpfötchen und Tausendgüldenkraut, die blauvioletten Strandastern und der Meersenf, dessen Blüten die Farbe diesiger Horizonte haben.

Die Mulde wurde ein Sommerblumenfeld, in dem die Frösche quakten, und am Abhang des Kliffelsens reiften die ersten Blaubeeren – für Djiyin ein überraschender, herrlicher Genuß. Der Frühsommer war da und leuchtete über der still gewordenen Insel.

Die nicht ganz leer geworden war. Nicht alle Vögel waren schon mit ihren Jungen fortgezogen, manche brüteten sogar zum zweiten Male, aber die Unruhe, der Frühjahrsüberschwang war abgeebbt. Groß und mächtig ging die Sonne tagsüber durch den wolkenlosen Himmel, und die Nächte waren hell, denn jetzt glitt die Sonne so dicht unter dem Horizont am Nordhimmel entlang, daß ihr Widerschein die Sterne auslöschte, allem Irdischen einen geheimnisvollen Schimmer und flimmernde Schatten gab, die in die ungewohnte, entgegengesetzte Richtung fielen.

Alle Geschöpfe waren ruhig geworden, satt und voller Reife. Die Zeit stand still, und das Jahr neigte sich deutlich der Ernte zu.

Es waren nur die ersten Blaubeeren gewesen, die Djiyin gefunden hatte, ihr Aroma war noch nicht ganz voll. Aber schnell reiften die anderen nach, den ganzen Abhang hinauf neigten die Büsche sich schwer unter ihrem Gewicht. Es standen noch andere Beeren zwischen den Blaubeerbüschen: Preiselbeeren und Moosbeeren, und über den Felsen lagen die Ranken von Himbeeren und Brombeeren. Djiyin fischte und kochte kaum noch, sie hatte genug an den verschiedenen Beeren. Oft saß sie tatenlos auf einem Felsen, schaute wie ein Vogel hinaus über das spiegelglatte Meer, das der linde Wind nicht kräuselte, über den leer gewordenen Strand und abends in den dämmernden Himmel, in dem als einzige groß, nahe und unverlöschlich leuchtend die beiden Morgensterne standen, die dicht übereinander, am Nordhimmel rückwärts gleitend, den unter der Kimmung unsichtbaren Gang der Sonne um die Welt begleiteten.

Eines Tages sah sie weit hinten ein Boot über die Kimmung heraufkommen. Und wußte sofort: Das sind die Frauen aus Klinkwan, die zur Beerenernte kommen. Einen Augenblick lang schien sich, wie bergend, die heimatgewordene Insel um das Mädchen zu schließen: die Landzunge, der Wattstreifen dabei, das Kliff, der Angelfelsen, jeder Stein, jeder Strauch, jeder Strandhaferhalm, den sie kannte. Es war wie ein blitzartiger, scharfer Schmerz.

Das Boot draußen schien stillzustehen, schien in der Luft über dem Wasserspiegel zu schweben. Aber es wurde dann doch größer – langsam näherte es sich.

Djiyin denkt daran, die ankommenden Frauen zu bewirten. Denn sie fühlt sich als Hausfrau in ihrer Hütte, die Frauen kommen zu ihr, als Gäste auf ihre Insel.

Die Fische beißen heute nicht an, es ist ihnen in dem flachen Wasser bei der Insel zu warm geworden, sie sind in die kühleren Tiefen des Großmeeres ausgewandert. Aber einige angelt sie doch, zu einer Fischsuppe, einer kräftigen Brühe wird es reichen. Es ist noch Brotkorn da. Bis das Boot heran ist, kann sie das mahlen, anteigen, auf dem flachen Stein zu Piki backen. Das paßt gut zur Suppe und macht das Mahl festlich, fast feierlich. Als sie damit fertig ist und nach dem Boot ausschaut, hat sie sogar noch Zeit, ein paar Beeren zu holen. Es müssen nicht viele sein. Nur ein Vorgeschmack, von jeder Sorte ein bißchen. Denn die Frauen werden gleich selbst in die Beeren gehen, sowie sie geruht und sich eingerichtet haben. Man kann die Beeren in den großen, flachen Perlmuttermuschelschalen anbieten, die der Wind einmal aufs Land warf. Das sieht hübsch aus.

Die Hütte ist sauber und aufgeräumt, und Djiyin hat einen Vorrat von Seegras getrocknet und gestapelt. Für den kommenden Winter, hat sie gedacht und hat es mit Freude getan. Es war so seidig, so glatt und raschelte so nett. Damit mögen sich die Frauen selber die Lager bereiten, wie es ihnen am besten paßt. Einiges räumt Djiyin beiseite, das brauchen sie nicht zu sehen: eine Kette aus bunten, geschliffenen Kieselsteinen, die sie im Kanoe gefunden hat, drei große, stachelige Perlmutterschneckenhäuser, in denen sie ihren gesammelten Krimskrams aufbewahrt: die zierlichen Wirbel eines Schlangenskeletts, bunte Steinchen vom Regenpfeifernistplatz, einen im Moorwasser wie lebendig erhalten gebliebenen Frosch, den sie beim Graben in der Mulde gefunden hat, Vogelfedern, Muscheln, Seesterne – dieses und das, was sie da und dort in der Laune eines Augenblicks aufgehoben und noch ein Weilchen behalten hatte.

Inzwischen konnte Djiyin bereits die Köpfe der Frauen im Boot unterscheiden und ging hinunter zu der Stelle, an der sie das vorige Mal angelegt hatten. Sie hatten ein zweites Boot im Schlepp, das sah sie jetzt erst. Das werden sie vollpflücken wollen, dachte das Mädchen. Und freute sich, als sie den Kopf der Tante unter den anderen erkannte.

Als die Frauen landeten, stand Djiyin bereit: groß geworden, aufrecht, zurückhaltend, aufmerksam und zum allgemeinen Erstaunen sauber, gepflegt, in hübscher, sommerlicher Kleidung.

Die Frauen stiegen aus. Als erste jene, die damals so böse Worte für das patschnasse, verwahrloste Kind gehabt hatte. Die machte jetzt in ihrem rechthaberischen Gesicht erstaunt den Mund auf und sagte: „Wir dachten, du seist gestorben!"

Das war heillos.

Djiyin wurde grau im Gesicht, es fuhr ihr eiskalt zum Herzen, einen Augenblick konnte sie in entsetztem Schreck nichts mehr sehen. Danach stand sie stocksteif da, rührte sich nicht, sagte kein Wort.

Die anderen Frauen waren noch am Boot beschäftigt, von ihnen hatte es wohl keine gehört. Jedenfalls beachtete es keine. Sie waren von Djiyin ja nichts anderes gewohnt, als daß sie verschüchtert war und ab und zu lästig wurde. Sie gingen, mit Gerät bepackt, mit flüchtigem Gruß an ihr vorbei, ohne stehenzubleiben, den schmalen Weg zwischen den Dünen hinauf, der zur Erdhütte führte. Keine von ihnen merkte, daß Djiyin einen herzlichen Empfang für sie vorbereitet hatte.

So schleicht das enttäuschte Kind hinterher. Die Tante wendet sich nach ihr um, sagt etwas, fragt etwas – Djiyin begreift die Worte nicht, als hätte sie die Sprache verlernt. Sie trottet mit hängendem Kopf weiter.

Sie kommen auf diesem Weg an der zerzausten Krüppelkiefer vorbei, auf der der Waldkauz gesessen hatte, friedlich die

Federn in der Sonne aufgeplustert, ein freundlicher alter Mann mit einem klugen, gelassenen Gesicht und gar nicht zum Fürchten, obgleich er mit seinem Rufen Djiyin eine ganze Nacht lang zu Tode geängstigt hatte.

In ihrer Benommenheit glaubt sie einen Augenblick lang, ihn wieder dort sitzen zu sehen, hört seinen schaudererregenden grellen, unausweichlich zwingenden Ruf – und lacht befreit auf: „Das war sein Frühlingsruf. Er hat keine andere Stimme!“ – Hat sie das laut gesagt? Wohl nicht. Die Tante wundert sich nur über das plötzliche Lachen und das befreite, fröhliche Gesicht des Kindes und noch mehr über dessen – wie sie meint, gänzlich aus der Luft gegriffenen – Ausspruch: „Das war ihre Art der Begrüßung. Sie hat keine andere Stimme.“ Und kein freundliches Herz. Sie ist eben so, setzt sie in Gedanken hinzu.

Erst jetzt klingt die Frage der Tante nach ihrem Ergehen nachträglich in ihr auf, und sie antwortet strahlend: „Großartig!“ Auch das ist unbeachtet in die Luft gesprochen, keine der Frauen ist neben ihr, die es hört. Auch die Tante nicht. Mehr konnte Djiyin vorerst nicht sagen, denn sie waren bei der Hütte angekommen, und durch die erstaunten Ausrufe der Frauen, die das vorbereitete Festmahl durch die weitoffene Tür erblickten, geht sie nun locker, zufrieden und herzlich schenkend hindurch und bewirtet ihre Gäste.

Jetzt schwirrt es von neugierigen Fragen, aber Djiyin antwortet darauf kaum, nur beiläufig. Sie macht sich zu tun: füllt die Schüssel auf, räumt die Sachen, die die Frauen sich mitgebracht haben, beiseite, stellt die Geräte zum Beerenpflücken zurecht. Sie hat deutlich gemerkt, daß keine sich wirklich dafür interessiert, wie sie die vergangenen Monate zugebracht hat. Im Grunde ist es ihnen nur recht, daß irgend jemand da ist, der Ordnung hält und für das Nötigste sorgt. Sie hocken um die Schüssel, ohne zu danken, stärken sie sich, ruhen sich aus von der Herreise, schwatzen ein bißchen untereinander und drängen dazu, an die Beerenernte zu kommen.

Djiyin bleibt gerne zurück. Das Miteinanderschwatzen der Frauen ist ihr wie Vogelgeschwirr in den Ohren, die nehmen ohnehin keine Rücksicht auf das Mädchen, sie reden, als ob sie unter sich allein wären, in Andeutungen, die nur der verstehen kann, der das miterlebt hat, wovon sie sprechen. Djiyin weiß nicht, worauf sie anspielen, und kommt sich wieder so fremd und allein vor, wie sie immer unter ihnen war. Wie eine Schar gieriger Möwen erscheinen sie ihr, die über das Futter herfällt.

Sie war sonderbar enttäuscht und wurde nicht damit fertig: Hatte sie sich etwa doch auf die Frauen gefreut? Hatte sie etwas Besonderes erwartet? Einen freundlichen Blick, der ihr selber galt? Ein dankendes Wort der Anerkennung für die Sorgfalt, mit der sie den Empfang vorbereitet hatte? Irgendein Wort, eine Gebärde, die an ihr Anteil nahm?

Sie sind so, machte sie Herz und Sinn gewaltsam hart, sie sind fremd. Und ich bin ihnen fremd. Ich bin ihnen davongelaufen und gehe sie gar nichts an. Und ich will auch nicht. Ich bin Djiyin. Und bin froh, daß sie bald wieder wegfahren!

Djiyin hatte nicht darauf geachtet, daß längst nicht alle Frauen wieder mitgekommen waren, die damals zum Tzetwurzelngraben hiergewesen waren, und daß dieses Mal einige dabei waren, die sie von früher her nicht kannte. Sie hatte zu tun gehabt, mit ihrer Enttäuschung fertig zu werden.

Als die anderen fort waren, kam eine von diesen fremden Frauen zu ihr zurück in die Hütte. Sie hatte ein kleines Kind bei sich, dem hatte sie draußen, auf der Schwelle sitzend, die Brust gegeben, und nun bettete sie es zum Schlafen auf eins der schon fertig zurechtgemachten Lager.

Djiyin räumt weiter auf, sie zeigt deutlich, daß sie sich nicht stören lassen will. Aber dann sieht sie doch zu, wie die Mutter das Kind besorgt. Und als diese sich zu ihr umwendet, irgendein freundliches Wort sagt, trifft sie dabei ein vertrauender, herzlicher Blick aus offenen, schönen Augen. Ein Vogel-, ein Regenpfeiferblick!

Erschrocken sieht Djiyin hinein in diese Augen: Menschenaugen, in denen Freundlichkeit steht – und Verständnis. Ihre Lippen beginnen zu zittern, Tränen kommen, und dann schluchzt sie, daß es sie schüttelt.

Die Frau hat sie im Arm, streichelt ihre zuckenden Schultern, wiegt sie ein wenig, summt ihr Trost zu wie einem kleinen Kinde. Fragt nichts, sagt nichts, läßt sie nur weinen, bis sie fertig ist.

Mit ganzem Leibe, aus ganzer Seele trinkt Djiyin den Trost, den diese fremde Frau für sie bereit hat, schmiegt sich in die Umarmung, wird ganz still. Schließlich seufzt sie tief auf, die Tränen versiegen – mit dem Schatten eines vertrauenden Lächelns schaut sie auf.

Und jetzt erst fragt die Frau: „Wer bist du, Kind?"

„Djiyin."

„Djiyin", streichelt die Frau ihr über die zerzausten Haare. Wie sehe ich aus, denkt Djiyin, zerzaust, verheult – was wird sie von mir denken? Zum ersten Mal im Leben kümmert sie sich darum, was für einen Eindruck sie macht.

„Wie kommst du hierher, Mädchen?"

„Ich bin ihnen ausgerückt."

Die Frau fragt nicht: Warum?

„Ich heiße Stuwaja", sagt sie statt dessen. Und wartet ruhig, nimmt die leergegessene Schüssel zur Hand, gießt Wasser hinein, spült sie. „War es schlimm, hier allein?" fragt sie dabei.

„Nein!" leuchtet Djiyin auf. „Es war so – so – –" Sie kann es nicht sagen, ihr fehlen die Worte. Doch unversehens kommt sie ins Erzählen. Das ruhige, aufmerksame Zuhören, während die Hände mit gemeinsamer Arbeit beschäftigt sind, lockt es heraus.

Djiyin erzählt von der angstvollen Nacht, als der Waldkauz rief – die Angst vor der Dzonoque – das furchtbare Bellen und Jaulen – und dabei sang er den Frühling und Liebe, war er so herzlich und glücklich, und seine Gefährtin fand seine Stimme schön. Von den Alken erzählt sie und dem Regenpfeifer, von Möwen und Krähen, vom Angeln und von dem ersten Knurrhahn, der sie beinah gebissen hätte, als sie ihn von der Angel nahm. Sie erzählt, was ihr gerade einfällt, alles durcheinander, und schließlich leuchtet und jubelt der ganze Inselfrühling um sie, ihre Augen sind hell, ihre Stimme froh, ihre Hände greifen geschickt und sicher zu bei der gemeinsamen Verrichtung.

Und jetzt erst fragt Stuwaja: „Warum bist du ihnen ausgerückt?"

Es ist nun nicht mehr schwer für Djiyin, von Klinkwan zu erzählen. Manchmal lacht sie lustig auf dabei. Jetzt tut es nicht mehr weh, wenn sie sagt: „Ich war fremd und allein. Ich kam nicht zurecht, und keiner half mir, keiner hatte mich lieb." Denn Stuwaja hatte das ganze große Geschenk ihres Vertrauens entgegengenommen, hatte den verschütteten Liebesreichtum ihres Kinderherzens ins Schwingen und Strömen gebracht. Jetzt konnte Djiyin sogar von „zu Hause" erzählen – als sie klein war – als der Vater sie beschützte und Nusui „Tuit" nach ihr rief. Und auch dieses Letzte: Wie es war, als die Mutter sie hinausschickte, den großen Holzstoß anzuzünden, der die Hilfe herbeirief, und wie die Tante kam und sie mitnahm – denn da war die Mutter inzwischen schon hinübergegangen.

„Was wirst du tun, Djiyin? Kommst du mit uns zurück?"

Wieder faßte die Insel nach Djiyin: das Kliff, die Wiesenmulde, der verkrüppelte Baum und die Stelle im Sand, wo das Regenpfeiferchen gebrütet und geschwindelt hatte. Aber das fühlte sich anders an, dieses Mal, weil ja nun ein anderer, ein *Mensch*, um das alles wußte.

Sie sah Stuwaja an. Wollte sie zurück?

„Nach Klinkwan?" fragte sie zögernd.

„Sie haben viel Unglück in Klinkwan gehabt", erzählte Stuwaja. Sie schüttelte dabei eins der Lager auf, wo die Frauen in der Nacht schlafen würden, und tat das angelegentlich, denn keinesfalls wollte sie mit ihrer Überlegenheit den Entschluß des Kindes beeinflussen. Aus sich selber heraus, aus der Einsicht, die sie schon haben konnte, mußte Djiyin sich entscheiden, wenn es gut werden sollte. Es war geschickter, einen Teil ihrer Aufmerksamkeit auf etwas anderes zu richten.

„Es sind viele gestorben", fuhr sie zurückhaltend, unbetont fort. „Die noch übrig waren, konnten sich nicht mehr allein durchbringen, sie waren zu wenige geworden für alles, was zu tun gewesen wäre. Da sind sie zu uns gekommen und haben um Aufnahme gebeten, und wir haben sie aufgenommen und sind nun ein Stamm und leben zusammen. Es war uns recht, daß sie dazukamen, es sind tüchtige Männer auch unter ihnen, stark und wagemutig. Und verständig, so daß es sich gut mit ihnen zusammen leben läßt. Auch wir haben unsere Lebensweise ändern können, weil wir jetzt einen größeren Stamm bilden. Die Männer haben gemeinsam andere Kanoes gebaut, die sich zur Großwildjagd auf hoher See eignen, und nun waren sie schon alle zusammen mit diesen Kanoes auf dem Meer und haben so guten Erfolg gehabt, daß wir nun bei dieser Art Jagd bleiben werden. Und auch mit den Frauen aus Klinkwan läßt es sich gut an. Sie können manches und wissen auch einiges, was uns neu ist. Sie müssen nur erst die Schreckenszeit ganz überwinden."

„Wenn es ihnen auch gut geht, deshalb wird ja doch keine ausgerechnet *mich* liebhaben?" zauderte Djiyin.

„Ja, Mädchen – mit dem Liebhaben – da mußt du selber anfangen. Das ist nun einmal so. Man kann nicht dastehen und warten, ob vielleicht einer kommt, dem das gerade einfällt. Da muß man sich selber drangeben, wenn man nicht mehr ganz klein ist. Nur so findet man zueinander und zu einem schönen und fruchtbaren Miteinanderleben."

Djiyin sah sie unglücklich an. Ihr fiel die Begrüßung der Nachbarin wieder ein: „Wir dachten, du seist gestorben!" – und deren kalter, gleichgültiger Tonfall dabei. Aber sie schämte sich, Stuwaja das auch nur zu sagen.

„Damals, als du nach Klinkwan kamst, warst du noch zu klein", tröstete Stuwaja, „und warst zu sehr erschrocken durch das Unglück, das dich so unerwartet betroffen hatte. Es wäre auch für einen Erwachsenen sehr schwer gewesen, damit fertig zu werden.

Und die Tante" – sie zögerte einen Augenblick, aber dann sprach sie weiter, und ihr warmer Blick tröstete Djiyin, noch bevor es sie beunruhigen würde, was an dieser Stelle zu sagen war. „Du warst damals zu jung und zu verletzt, um es selber zu merken, aber jetzt mußt du es wissen: Die Tante ist nicht recht beieinander. Schon immer nicht gewesen, und es hätte sich wohl jemand darum kümmern müssen, als sie damals mit einem kleinen Kind zurückkam von ihrem Besuch bei der sterbenden Schwester. – Denn sie *konnte* dir gar nicht das sein, was du brauchtest. Es hätte wirklich einer dort nach dem Rechten sehen müssen. Und jetzt ist sie durch das Unglück, das sie alle haben durchmachen müssen, ganz verwirrt geworden. Sie kann dir auch jetzt nichts sein, sie kommt mit sich selber nicht mehr zurecht. Sie kann dich nicht liebhaben und so für dich einstehen, wie ein Mensch das vom anderen haben muß, sie braucht selber jemanden, der sie versorgt wie ein kleines Kind. Wenn du mit uns kämst, würde es *deine* Sache werden, du würdest das übernehmen, würdest für sie sorgen müssen. Aber bei uns wärst du nicht allein damit. Wir alle würden dir beistehen, würden dich nie im Stich lassen. Im Gegenteil, wir würden dich sehr hoch achten, du wärst bei uns ein vollwertiger Mensch, der eine schwere Pflicht übernommen hat und der das Recht hat, daß ihm jeder beispringt, wo er es braucht. Jeder von uns würde darauf achten, wie du zurechtkommst. Mit der Tante. Aber auch mit dir selbst. Das braucht jeder immer einmal wieder vom anderen."

Djiyin schwieg. Das, was Stuwaja ihr da nahelegte, war ihr so neu, so außerhalb von allem, was sie wußte und selber erfahren hatte – sie konnte so schnell nicht damit fertig werden.

So hantierten sie eine Weile schweigend miteinander. Das Abendessen für die Sammlerinnen wurde fertig, auch die Nachtlager, schließlich sahen sie noch einmal zusammen nach dem Kind – das schlief fest –, setzten sich dann auf die Schwelle der Hütte und warteten.

Die warme Nacht war um sie, die beiden Morgensterne leuchteten im hell gebliebenen Himmel, der Wind war eingeschlafen, es war ganz still, und jedes Kraut, jeder Grashalm duftete.

„Schön ist es hier", atmete Stuwaja tief auf, „hier kann man gesund werden von jedem Leid! – Aber du willst für immer hierbleiben? Allein?"

Djiyin antwortete nicht. Von selber wäre es ihr nicht in den Sinn gekommen, sich das zu überlegen.

„Es ist zauberschön hier, Djiyin“, fuhr Stuwaja fort, „ich sehe das genau. Und ich halte dir nicht vor, daß der Sommer vergeht. Der Herbst ist herrlich auf der Insel. Das hast du noch gar nicht erlebt. Er ist schöner als das ganze übrige Jahr. Und so, wie du bist: mutig, stark, gesund und geschickt, würdest du auch den Winter durchstehen. Du hast ja schon ordentlich vorgesorgt. Der Holzstoß reicht jetzt schon beinah durch einen Inselwinter. Die Vögel, mit denen du gelebt hast – ja, die gehen über Winter fort. Aber sie kommen wieder. Die Wildschwäne werden wieder läuten und brausen und den Frühling unter ihren Flügeln tragen. Das alles wird wieder sein. Ebenso schön. Genauso, wie es ist seit dem Anfang der Welt.

Aber: Hast du genug an Vögeln und Winden? Überlege dir das genau: Brauchst du nicht Menschenwort und Menschenart neben dir? Jemanden, mit dem du sprichst – und der *antwortet*? – Darüber mußt du nachdenken. Du bist jetzt alt genug dazu.“

Man hörte die Sammlerinnen zurückkommen. So brachen sie das Gespräch ab und standen auf, um alles zu deren Empfang zurechtzustellen. Das Wichtigste war ohnehin gesagt. Djiyin mußte sich das jetzt überlegen und einen Entschluß fassen.

Am Abend saßen sie alle um die Schüssel: müde vom Steigen und Bücken, nicht allzu hungrig und sehr zufrieden mit dem Ertrag ihrer Arbeit. Wenn es so weiterging, wenn die übrigen Stellen ebenso ertragreich wären wie die, wo sie heute gesammelt hatten, konnten sie in drei Tagen das Kanoe voll haben und am vierten Tag zurückpaddeln – so überlegten sie.

„Beinah wären wir dieses Jahr gar nicht gekommen“, erwähnte eine der Frauen beiläufig. Höflich sah Djiyin auf und fragte: „Wieso?“, obgleich sie es sich schon denken konnte und ihr im Grunde der Kopf so voll war von all den Gedanken, die Stuwaja in ihr angeregt hatte, daß ihr der Sinn nicht danach stand, noch anderes zu hören. Aber die Frau brauchte diese Frage zur Anregung und Anknüpfung, und so stellte Djiyin sie. Ohne daß sie es merkte, war das schon ein Schritt auf dem Wege zu ihrer eigenen Entscheidung.

„Ja", kam die Erzählung daraufhin in Gang, „es ist nicht gut gegangen in Klinkwan. Wir schlugen uns durch, wie wir konnten. Es ging immer dürftiger zu, und immer wieder sind welche von uns gestorben.

Dann kam das Hochwasser. Das war fürchterlich. Es hat uns völlig unerwartet überrascht. Bei uns unten in Klinkwan war noch alles fest gefroren, und es lag noch Schnee. Auch die Gipfel der Berge standen weiß und scharfglitzernd gegen den frostklaren Himmel.

Eines Morgens sprachen einige davon, daß es in der Frühe, noch in der grauen Dämmerung, gedonnert habe und sie hätten auch einen Erdstoß gespürt. Aber sie gaben selber nicht viel darauf, und so dachten auch wir uns nichts weiter dabei. Als wir hinaus ins Freie kamen, sahen wir, daß in den Bergen über Nacht auf einem Gipfel der ganze Schnee geschmolzen war, auch dessen Abhänge waren schwarz geworden, und während wir noch standen und hinaufblickten, kam etwas Sonderbares in die Luft: ein mächtiges Getöse, aber gleichmäßig, nicht so in einzelnen Stößen wie bei Sturm oder Brandung. Es füllte sich uns dick in die Ohren, so daß wir einander nicht mehr verstanden, und machte uns dumpf im Kopf, auch schwindlig wurde manchem – dabei war es in unheimlicher Weise gedämpft, als ob es weit weg wäre. Zuerst.

Wir standen und rätselten, was es sein mochte. Es war nichts zu erkennen. Nur das dumpfe Brausen wurde allmählich schärfer, eine sonderbare Wärme stieß über uns hin, die Luft preßte sich so zusammen, daß wir kaum noch atmen konnten, und dabei wußten wir immer noch nicht, wovor wir plötzlich solch eine Angst hatten, daß unsere Herzen wie Hämmer schlugen.

Plötzlich schrie einer auf: ‚Das Wasser kommt!'

Aber ehe wir noch auffahren konnten, sahen wir es schon: Es floß nicht, es schob sich wie eine steile Wand durch das Tal herunter. Es reichte bis an den obersten Rand der Talwände, wir sahen nicht auf das Wasser, wir sahen dagegen, wie gegen eine Wand. Es floß nicht, es schob sich heran, und was ihm im Wege stand, Bäume, Bergvorsprünge, das knickte zusammen und war weg. Wir rannten.

Aber es gab kein Entrinnen. Das Wasser holte jeden Fliehenden ein. Manchem gelang es, sich in ein Kanoe zu retten oder auf das Dach eines Hauses, manche erkletterten selbst die Totempfähle. Aber die berghohe Sturzwelle rammte mit unwiderstehlicher Wucht gegen alles, was noch stand, unterspülte die Wände, so daß die Häuser in sich zusammensanken und die Leute vom Dach gewaschen wurden. Die sich aufs Meer gerettet hatten, sahen die steile Wasserwand in einem brausenden Sturz ins Meer fallen, aber auch von ihnen gingen noch alle die verloren, die nicht weit genug hinausgekommen waren und in die wuchtigen, wirren Strudel des Wassersturzes gerieten. Auch kräftige Schwimmer konnten sich da nicht retten. Die übrigblieben, sahen vom Meer aus auf eine mächtige, glatte Wasserfläche, die das ganze Tal, durch das unser kleiner Bach geflossen war, bis an die Kämme der Uferberge füllte.

Nicht lange. Die mächtige Sturzwelle verlief sich bald. Dann kam es gelinder. Aber eine riesige Wassermenge kam noch herab von den Bergen. Noch dreimal bebte die Erde, dreimal stieg das abfließende Wasser wieder an den Uferbergen hoch, aber so hoch wie bei der ersten Sturzwelle kam es nicht mehr. Und als das Wasser sich verlaufen hatte, lagen die Trümmer und die entwurzelten Bäume und die Toten wirr zusammengespült umher, manche waren schon halb eingesandet, und die meisten von uns fanden wir nicht mehr. Das ganze Tal war leer bis hoch hinauf, kein Haus, kein Pfahl, kein Baum, kein Grashalm war mehr da. Es war ganz unmöglich, daß wir wenigen, die wir zufällig verschont geblieben waren, diese unübersehbare Verwüstung wieder in Ordnung brachten. Wir konnten nicht einmal den Toten, die wir noch auffanden, die nötigen Ehren erweisen – wir waren zu wenige, und wir waren von alledem ganz kraftlos geworden. Zu allem anderen war eine große Kälte angebrochen, und die Erderschütterungen kamen immer wieder und ängstigten uns sehr.

Da setzten sich unsere Männer zusammen – die wenigen, die noch da waren, und wir Frauen standen dabei, weinten und freuten uns über jeden einzelnen, der übriggeblieben war, auch über die, gegen die wir früher einmal etwas gehabt haben mochten. Und es wurde beschlossen, daß wir Klinkwan aufgeben und jene Gruppe der Tlingit um Aufnahme bitten sollten, die sich schon vor längerer Zeit von uns getrennt und auf einer Insel vor der Küste niedergelassen hatte.

Sie nahmen uns auf, und wir gewöhnten uns aneinander. Nun jagen unsere Männer mit Hochseekanoes weit draußen im Meer die großen Meerestiere: Wale und Heringshaie, und weiter zum Land zu Robben und Seehunde, und im Frühling stellen sie sich mitten in die großen Fischzüge, die dann ihre Wanderungen machen, und fangen Lachse und Kohlfische, Dorsche, Heilbutt und Heringe.

Wir haben uns umgewöhnt und gehören nun fest zusammen. Wir wollten nur noch ein letztes Mal auf dieser, unserer kleinen Vogelinsel die Beeren abernten, denn es ist jetzt, von unserem neuen Wohnort, viel weiter, als es von Klinkwan war, und wir haben solche kleinen Inseln auch mehr in der Nähe."

Sie sind nicht meinetwegen gekommen, denkt Djiyin, als sie alle miteinander schlafen gegangen waren, und keine außer Stuwaja hat mich gefragt, ob ich mit zurückfahren will. Ich bin ganz fremd für sie. Ich kann mitfahren oder hierbleiben, ganz wie ich will, keiner liegt etwas an mir. Aber: Was will ich selber?

Sie überdenkt, wie sie hier gelebt hat. Allein in der Hütte. Allein auf der Insel unter den Vogelschwingen, inmitten der Vogelrufe. Die Alke – das Regenpfeiferlein – der Waldkauz – der blitzsaubere Papageientaucher –

und der Wind – die Luft – der Inselgeruch –

die Singschwäne damals – und die Graugänse – und der hohe, hohe Himmel voller Licht –

auch voller Wolken und Dunkelheiten –

Dort werden Menschen sein. Überall. Immerzu. Fremder als die Vögel – – –

Ihr ganzes Herz klammert sich an jeden Halm, jeden Stein, von dem sie weiß, daß er da ist, wo er liegt, wie er aussieht – Ich bleibe hier. Ich gehöre hierher. Ich würde mich totweinen auf der großen fremden Insel, wie ich mich in Klinkwan kaputtgeweint habe. Nur hier war ich froh, seit ich allein auf der

Welt bin! Mit diesem Entschluß kuschelt sie sich fest auf dem Lager zurecht. Wie nett das knistert, denkt sie im Einschlafen, und wie es duftet! Die ganze Sonnenwärme ist noch drin.

Am nächsten Tag geht sie mit den Frauen in die Beeren. Ich bin gewachsen und stark geworden, erstaunt merkt sie das zum ersten Mal. Ich kann schneller und mehr sammeln als die meisten von ihnen.

Auch die Frauen blicken sie freundlich an, als sie Korb um Korb in das gemeinsame Kanoe leert. Sie gewöhnen sich an das Mädchen, sprechen sie herzlich an, beim Nachtmahl scherzen sie schon miteinander. Djiyins Lachen ist unbeschwert, ihre Freudefähigkeit macht die Frauen – selbst die „böse" Frau mit den harten Augen im rechthaberischen Gesicht – immer aufgeschlossener. Sie erwähnen jetzt lustige Zwischenfälle von ihrer Umsiedlung – das fällt ihnen so ein, keine spricht mehr von Jammer, Elend und Not.

An diesem Abend denkt Djiyin: Sie sind eigentlich ganz nett, und vermeidet zu untersuchen, ob sie nun bleiben oder mitfahren will.

Am nächsten Tag geht es ganz hoch hinauf in die Schrunden und Spalten des Gipfels. Dort gibt es die größten und saftigsten Beeren, aber sie wachsen nur vereinzelt. Und die „böse Frau" gerät mit dem Fuß in eine Spalte, kann nicht mehr laufen, müßte zur Hütte hinuntergetragen werden. Aber der Weg ist weit und auf dem abschüssigen, holperigen Abhang mühsam für die Trägerinnen und schmerzhaft für die Verletzte.

Djiyin läuft und bringt die schwere Wolldecke von ihrem Lager, die sie sich einmal in der allerkältesten Zeit von dem Kanoe geholt hat – keine der Frauen wundert sich, wo sie die herhat. Mit Reisig und Beerenkraut wird daraus eine bequeme Schleife gemacht, und Djiyin geht vor der Schleife her und sucht den schonendsten Weg.

„Tut's weh?" fragt sie manchmal sorglich zurück und merkt selber nicht den Anklang an das Regenpfeifer-„Tuit", das ebenso sorglich und zutraulich klang.

An diesem – letzten – Abend grübelt sie nicht mehr, ob sie

mitfahren will oder nicht. Die Alkmütter stehen ihr vor Augen, die ebenso wie sie selber heute zu Hilfe kamen, wenn eins der Jungen beim Abflug in Not geriet. Sie kühlt den geschwollenen Fuß den Abend über, sie macht eine lindernde Lehmpakkung zur Nacht. Sie fühlt sich stark, geschickt, sicher und hat eine ganz neue Freude an dieser Sicherheit. Stuwaja hat recht, denkt sie vorm Einschlafen, es ist eine ganz andere Kraft im Miteinanderleben der Menschen. Wenn ich nun mit ihnen fahre – es ist ja gar nicht so schwer – man darf nur keine Angst haben.

„Wie vor der Dzonoque", lacht sie in sich hinein. „Womöglich meinen auch sie Freude und Liebe und haben bloß eine Art dabei, die ich schrecklich finde, weil ich es nicht gewohnt bin und noch nicht weiß, wie sie es meinen."

Am nächsten Morgen versorgt sie mit den anderen die Hütte, steigt selbstverständlich zu ihnen ins Kanoe, ergreift ein Paddel – niemand macht eine Bemerkung dazu, weder die Frauen noch Djiyin – auch nicht Stuwaja – und fährt mit hinaus.

Auch die Alke waren mit ihren Kleinen hinausgeschwommen aufs Meer, nachdem die Insel ihnen Aufenthalt gewesen war für eine wichtige Zeit ihrer Entwicklung. Waren hinausgeschwommen, ohne sich umzusehen. Djiyin *sah* sich um.

Eine Weile noch sah sie die wenigen Möwen über der Insel kreisen, die dort überwintern würden. Aber die Insel wurde kleiner und kleiner und glitt immer weiter weg. Zuletzt lag sie wie ein kurzer weißer Strich auf der Kimmung. Und sank dann endgültig dahinter ab.

Djiyin atmete tief auf. Es war kein Abschiedskummer in diesem Atemzug. Auch keine erwartungsvolle Vorfreude. Sondern ein unbändiger Mut zu allem, was nun kommen und zu leisten sein würde. Die Menschen. Wie es auch ausfallen mochte: Sie wollte dazugehören.

Anmerkungen

Amasetten	dem Lachs ähnliche, aber kleinere Fische
Kabbelseen	Wellen, die vom Wind und von den Gezeiten gleichzeitig in verschiedene Richtungen getrieben werden
Kimmung	der Meereshorizont
Kliff	in der Nähe der Küste aus dem Meer aufragende kahle Felseninsel
Muschelhörner	einfache Blasinstrumente der Pazifikvölker, aus großen, spitzen Schneckenhäusern hergestellt
Piki	auf heißen Steinen gebackenes Flachbrot
Strandtrieb	Strandgewächse, die zum Herbst leicht verholzen und gebündelt verfeuert werden; allerdings geben sie nur wenig Hitze ab
Tölpel	möwenähnlicher Vogel
Wassersturz, siehe S. 83	Das Überschwemmungsunglück wird durch einen Vulkanausbruch im Gebirge ausgelöst; auf einen Schlag schmilzt aller Schnee auf dem Vulkan, und das schmale Abflußtal, das bei Klinkwan ins Meer mündet, kann die Menge des Schmelzwassers nicht fassen.